L'autonomie solidaire en santé

Frédéric Bizard

L'autonomie solidaire en santé

La seule réforme possible !

Essai

Michalon Éditeur

Du même auteur

Et alors ! La réforme globale de la santé, c'est pour quand ?
Fauves Éditions, 2019. Grand prix BFM
Business du Livre de l'économie 2020
Protection sociale : pour un nouveau modèle, Dunod, 2017.
Complémentaires santé. Le scandale ! Dunod, 2016.
Politique de santé. Réussir le changement, Dunod, 2015.

9, rue de l'École-Polytechnique – 75005 Paris
www.michalon.fr
ISBN : 978-2-84186-964-0

Sommaire

II

Pour un service public territorial de santé

III

Refondre la gouvernance de la santé

IV

Pour un financement solidaire à payeur unique

« L'essentiel n'est pas de vivre,
mais de bien vivre. » (Platon)

Cet ouvrage est l'aboutissement de trois ans de travaux de l'Institut Santé. Démarré en mai 2018 à travers six groupes de travail, il a d'abord été produit l'ébauche d'un nouveau modèle de santé pour la France, publié dans un premier ouvrage fin 2019[1].

Cette base de travail a ensuite été débattue et enrichie pendant dix-huit mois au sein de conférences de consensus nationales et régionales avec différents publics dont des responsables politiques, des universitaires, des syndicalistes, des professionnels de santé, des associations et des industriels. Ces deux étapes ont mobilisé plus d'une centaine de personnes qui, bénévolement, ont accepté d'offrir de leur temps et de leur expertise pour bâtir ce nouveau modèle de santé, exposé dans ce livre. Qu'elles en soient toutes chaleureusement remerciées. Sans elles, ce livre n'existerait pas.

1. *Et alors! La réforme globale de la santé, c'est pour quand?* Sous la direction de Frédéric Bizard, Fauves, 2019.

Introduction

En mars 2020, la France déclare la guerre à un virus, le SARS-Cov-2, apparu la première fois en décembre 2020 à Wuhan, dans la province de Hubei en Chine. Le 30 janvier 2020, l'Organisation mondiale de la santé se résigne à déclarer l'état d'urgence de santé publique de portée internationale. La guerre devient mondiale, mais contrairement aux deux guerres du XXe siècle, l'ennemi est commun à tous les pays.

Comme beaucoup d'autres pays développés, la France n'était pas préparée à cette guerre. Non pas parce qu'elle était inimaginable – loin s'en faut – mais parce que notre pays vit sur ses acquis du XXe siècle et n'a pas reconstruit son système de santé pour affronter les nouveaux enjeux du XXIe siècle. La crise de la Covid-19 est un stress test pour tous les pays, qui pourrait conduire à un bouleversement dans l'ordre de puissance des nations. Le processus qui s'engage est de nature darwinienne : s'adapter ou décliner.

La France, comme le reste de l'humanité, va gagner cette guerre. Mais à quel prix, et avec quelles conséquences à terme pour les générations actuelles et futures de notre pays ? Les coûts humains, sociaux, économiques seront considérables, en particulier si on additionne aux coûts visibles (immédiats) les coûts cachés (à venir). Avec plus de 110 000 morts à juin 2021, plus de 6 millions de personnes au chômage, un nombre de pauvres qui pourrait atteindre 10 millions en 2021, une récession de son PIB de 8 % en 2020 et une dette publique proche de 115 % du PIB, notre pays a été marqué au fer rouge.

À cet impact quantifiable s'ajoute un impact non quantifiable : la privation des libertés individuelles aussi essentielles que sortir de chez soi, se déplacer, exercer une activité physique ou culturelle, accompagner avec humanité ses proches dans leur fin de vie. Si beaucoup de stigmates de la crise s'effaceront progressivement, certains resteront à jamais gravés dans les mémoires.

Si un rebond économique, voire des jours heureux pour certains, devrait succéder à la crise, beaucoup d'autres verront leur qualité de vie durablement affectée du fait des inégalités sociales, mais pas seulement. Les travailleurs les plus touchés sont ceux dont la situation est la plus précaire, dont celle des jeunes adultes. Une partie de la jeunesse sortira affaiblie de cette crise.

Face à tous ces coûts non quantifiables ou à retardement, comme après la Grande Guerre, le sentiment de « *plus jamais ça* » s'impose.

Avant d'être un accélérateur de l'Histoire, la pandémie fut d'abord un révélateur des forces et faiblesses de notre système de santé avec lesquelles le gouvernement en place a dû compter. Impréparation de l'État à piloter la santé publique, faiblesse des structures hors du soin, absence des réserves stratégiques de produits de protection sanitaire, fonctionnement hyper centralisé et bureaucratique de l'administration, faiblesse de la démocratie sanitaire, déclin de notre recherche et de nos industries de santé... La liste est longue des failles structurelles qui nous font payer cette crise au prix fort.

La France doit bâtir de nouvelles fondations, pour la santé et pour son modèle social en général pour rester parmi les nations prospères et enviées dans le monde. Cette nécessité et ces urgences ne sont pas liées à la crise, qui n'a fait que révéler ce que l'on connaissait.

*

*   *

Alors que notre société connaît des progrès technologiques et médicaux inégalés dans l'histoire de l'humanité, alors que la France dispose d'une des meilleures ressources humaines en santé du monde, alors que notre pays dépense une part de sa richesse nationale pour la santé parmi les plus élevées dans le monde (11,3 % du PIB contre 9,9 % dans l'UE-28 en 2018), notre système de santé traverse la crise la plus grave de son histoire. C'est une crise d'inadaptation à son environnement, caractérisée par son aspect multidimensionnel : c'est une crise d'efficacité, économique, de gouvernance et de confiance.

C'est une crise d'efficacité si on en juge par la réponse sanitaire à la crise Covid, mais aussi à l'évolution des inégalités sociales de santé. Malgré tous les progrès médicaux, notre pays n'a pas réussi à réduire les inégalités sociales et territoriales de santé, qui se sont même aggravées depuis trente ans. Pour les hommes, par exemple, les 5 % les plus riches ont treize années d'espérance de vie supplémentaires que les 5 % les plus pauvres.

Si la France a été très affectée en pertes humaines par la Covid-19, elle le doit aussi au mauvais état de santé d'une partie croissante de sa population, notamment du fait d'un vieillissement en mauvaise santé qui prédomine. Cette pandémie est aussi une syndémie, c'est-à-dire un entrelacement d'une maladie infectieuse avec des pathologies chroniques et des facteurs de risques qui en aggravent les conséquences. Nous payons aujourd'hui l'épidémie de pathologies chroniques que nous nous efforçons à bien traiter mais pas à prévenir.

C'est aussi une crise de nature économique si on en juge par la mauvaise allocation des ressources et par le déficit permanent de l'Assurance maladie depuis plus de trente ans, que la crise Covid et sa gestion ont condamnés financièrement, sauf à réaliser la transformation systémique proposée ci-après. La centralité sur l'hôpital et sur le curatif du modèle actuel est un des écueils à la bonne allocation des ressources. Les dépenses administratives, en général non productives, sont trop élevées aux dépens de la juste valorisation des ressources humaines et des innovations technologiques. On observe aussi une hyper-concentration des remboursements sur les plus de 13 millions de patients atteints d'affections de longue durée officiellement reconnues qui déséquilibrent le financement de la santé. Le système investit trop peu pour maintenir les personnes en bonne santé.

C'est aussi une crise de la gouvernance du système de santé. À l'exception de la loi de 2002 sur les patients, toutes les grandes lois en santé depuis 1995 ont eu comme objectif de transférer tous les pouvoirs de gouvernance à l'État. Sur un plan macro comme micro, les fonctionnaires de l'État ont tout pouvoir de décision en santé. Cette hyper-étatisation s'est réalisée sans la mise en place d'un contre-pouvoir, ce qui génère une crise démocratique, sans transfert des compétences nécessaires dans les organes de décision, ce qui conduit à un manque de compétences pour décider, sans vision stratégique, ce qui condamne le système à une gestion comptable à court terme.

Enfin, c'est une crise de confiance qui s'est enracinée dans le système au cours du temps. La défiance est généralisée entre la plupart des acteurs : de l'État envers l'Assurance maladie, de l'État envers les professionnels de santé, de ces derniers envers les pouvoirs publics, des usagers envers l'État… Si notre système de santé a été pensé de façon démocratique et décentralisée à l'origine, il est entré au début de ce siècle dans une spirale mortifère de la centralisation technocratique, de l'hyper-bureaucratie, du contrôle a priori sans confiance des acteurs du système.

La dégradation de notre système de santé, qui a fait figure de référence mondiale au XXe siècle, est principalement liée à son inadaptation aux nouveaux enjeux du monde contemporain. Le début du XXIe siècle est marqué par une triple transition démographique, épidémiologique et technologique.

La transition démographique correspond au vieillissement de la population dont l'intensité est sans précédent de 2010 à 2030, notamment avec l'arrivée des baby-boomers à un âge supérieur à 80 ans en 2030. Ainsi, cette population des plus de 80 ans, qui représentait 1,5 % en 1960, 5 % en 2010, sera de 11 % en 2050. La part des plus de 65 ans passera de 17 % à 26 % de 2017 à 2050 et les plus de 60 ans pèseront un tiers de la population à cet horizon.

La transition épidémiologique correspond à un allongement de la durée du risque en santé. C'est la chronicisation du risque maladie qui transforme la stratégie de gestion de ce risque. On observe un allongement de la durée du risque pour la plupart des risques sociaux (retraites, chômage, exclusion), qui induit une évolution du pilotage du risque. Dans le modèle actuel, le pilote principal est l'offreur de soins ; dans le nouveau modèle, ce sera le demandeur, le *citoyen-patient*. Cet engagement optimal du citoyen nécessite une motivation de sa part, mais aussi des capacités qui doivent être activées et renforcées par le nouveau système.

La santé est au cœur d'une hyper-révolution technologique, issue de la convergence de plusieurs révolutions (génomique, digitale, sciences cognitives, nanotechnologies), qui représente la troisième transition. Elle permet en réalité de réaliser avec succès les deux premières et comprend un arsenal d'outils qui sont des moyens incontournables de transformer notre système de santé. La technologie reste un outil, un moyen et non une fin. Enfin, cette transition technologique fait de la santé un secteur économique stratégique et un enjeu de souveraineté nationale.

Le modèle actuel n'étant pas en mesure de répondre à cette triple transition, il est nécessaire de construire un nouveau modèle.

Une nouvelle base philosophique : l'autonomie solidaire

Toute réforme du système de santé doit s'appuyer sur une philosophie, une conception de la société et de l'individu, comme ce fut le cas chez les fondateurs de la Sécurité sociale. Mais la société française a profondément changé depuis 1945 : elle est en train de passer d'une société de statuts à une société d'individus. Elle doit donc repenser, sur de nouveaux principes, le modèle républicain d'une nation de citoyens solidaires face à la santé. Pour que ce *nouvel individualisme* ne soit pas le triomphe de l'égoïsme, il faut envisager une société d'individus qui soit juste au sens d'une égalité réelle des personnes et de leur capacité à réaliser leur potentiel et leurs aspirations[2].

Le modèle social du XXe siècle se fondait sur une protection passive de citoyens peu impliqués dans la gestion du risque social. Le système de protection sociale les protégeait par le financement de services et d'allocations une fois le risque exprimé, avec peu d'actions en amont de ce risque. Ce système a bien fonctionné tant que le risque social (maladie, retraite, chômage) était de courte durée. Avec l'allongement de la durée du risque au fil du temps, l'efficacité de cette protection sociale s'est progressivement érodée. C'est une réalité pour l'ensemble des risques sociaux.

Pour répondre à ce changement d'environnement, nous proposons un nouveau concept, *l'autonomie solidaire*, que nous allons ici expliciter et introduire dans toutes les composantes du nouveau modèle de santé.

Ce concept prend en compte l'évolution de l'individu *anonyme et abstrait* vers un individu *singulier et unique*, à la recherche d'égalité réelle et d'autonomie, de reconnaissance et de dignité, même quand il est en situation de faiblesse et de vulnérabilité. Éric Maurin[3] évoque à sa façon cette recherche d'autono-

---

2. D'après Catherine Audard, auteure de *La Démocratie et la Raison*, Grasset, 2019.
3. Éric Maurin, *La peur du déclassement*, Le Seuil, 2009.

mie : « *Une société d'individus présume en chacun de nous la capacité d'être l'entrepreneur de sa propre vie* ».

Pour Inglehart, la sortie du monde industriel favorise l'émergence d'une société d'émancipation, elle fait émerger « *un nouvel idéal d'autonomie* »[4]. Selon Daniel Cohen, la condition post-moderne est devenue la recherche d'un « *sens de la vie* »[5]. L'esprit des Lumières avait fait de l'autonomie une valeur cardinale que les révolutions industrielles ont mise en suspens. Il s'agit ainsi de rechercher l'émancipation promise par les Lumières. Kant a décrit les Lumières comme « *la sortie de l'homme de la minorité qu'il doit s'imposer à lui-même* ». Pour Kant, la devise des Lumière est « *sapere aude* », « *ose savoir* », aie le courage de te servir de ton propre entendement.

Ce concept d'autonomie fait souvent peur, alors qu'il représente le fondement du progrès social du XXIe siècle. Pour mieux comprendre le principe d'autonomie, il faut considérer l'individu de manière *développementale.* L'individu est un être qui a un horizon vers lequel se projeter, un individu *capable* selon l'expression de l'économiste Amartya Sen. C'est un individu capable de développer ses potentialités tout au long de sa vie et c'est cette capacité qu'il faut protéger dans le nouveau modèle social.

---

4. Ronald F. Inglehart, *Les Transformations culturelles. Comment les valeurs des individus bouleversent le monde ?* PUG, 2018.
5. Daniel Cohen, *Le monde est clos et le désir infini*, Albin Michel, 2015.

Si le premier principe de notre concept est nouveau dans le contrat social, le deuxième, celui de solidarité, était au cœur du contrat social de 1945. C'est cependant une nouvelle forme de solidarité qui doit irriguer la protection sociale du XXIe siècle. Puisque la personne ne se réalise que grâce aux autres, elle est nécessairement *solidaire* des autres. C'est ce que Léon Bourgeois et le solidarisme français décrivaient comme la « *dette sociale* » : l'individu est débiteur de la société car il ne se réalise que par la solidarité, jamais par ses seules forces, et que *le succès individuel est aussi un succès de la solidarité comme l'échec individuel est aussi un échec de la solidarité.*

Cette autonomie doit permettre aux individus de s'engager socialement mais différemment, de manière autonome et innovante, socialement responsables et non plus soumis aux cadres traditionnels et à la hiérarchie. Elle doit conduire à une société plus juste ; c'est la raison pour laquelle nous l'associons à la solidarité perçue dans une conception de justice sociale.

Pour définir une société juste, nous nous appuyons sur la *Théorie de la justice* de John Rawls (1971), selon laquelle une société juste doit respecter deux principes. D'abord, assurer la protection prioritaire des libertés et des droits égaux de chacun (dont le droit à la santé). Ensuite, garantir la valeur *réelle* de ces droits et libertés grâce à *l'égalité des chances* (dont l'accès à la santé et aux soins) et au principe de *différence* qui demande que si des inégalités sociales persistent, qu'elles soient au bénéfice de tous, en particulier des plus vulnérables.

Ainsi, si cette société d'individus est *ouverte* car elle accepte le risque, la concurrence, la liberté de choisir comme la possibilité de l'échec, elle n'est pas injuste si elle respecte les deux principes de justice de Rawls et si la sécurité des plus défavorisés est réellement garantie. Dans ces conditions, la vulnérabilité sociale, économique ou sanitaire n'est plus une relégation pour ceux qui n'ont ni statut ni sécurité. L'échec n'est plus une impasse définitive.

Le nouveau modèle de santé proposé ici va donc renforcer la capacité d'action des individus (*empowerment*), les rendre capables, y compris les plus défavorisés, de gérer de façon autonome leur risque santé, qu'ils soient malades ou bien portants. L'individu sera un acteur à part entière de sa santé, qui deviendra sa responsabilité sur le long terme.

Nous proposons ainsi une nouvelle approche culturelle d'une santé qu'il faut envisager comme une source de création de richesse, de réduction des inégalités sociales, d'autonomie et de dignité de l'individu et de puissance géopolitique (*soft power*).

La santé est traditionnellement abordée par les dirigeants politiques comme une charge, des dépenses, des coûts. Le pilotage de la santé est centré sur son budget composé de dépenses et de recettes, dont le seul objectif serait de l'équilibrer. Pourtant, la santé contribue à hauteur de 10 % à la création de richesse en France, soit presque deux fois plus que la construction. Elle représente 2,23 millions d'emplois, non délocalisables pour la plupart, dont une partie représente des postes très qualifiés dans le soin, la recherche, le développement clinique et la production industrielle. La santé contribue également largement à optimiser la croissance économique potentielle de notre pays. La *health tech* – qui regroupe les biotechnologies, la e-santé et la medtech – dispose d'un potentiel de chiffre d'affaires en France de 40 milliards d'euros et de 130 000 emplois en 2030[6]. Dans l'économie de l'innovation qui prédominera le rapport de force économique, la santé sera une des principales locomotives de la croissance.

C'est aussi vrai pour le rapport de force diplomatique, comme l'a montré la diplomatie des vaccins et du matériel médical de crise. Les pays qui maîtriseront les innovations technologiques de santé et disposeront d'une souveraineté sanitaire suffisante seront les plus influents sur la scène internationale.

*

* *

La réforme systémique que nous proposons est guidée par les réponses à donner aux évolutions radicales de la triple transition, mais aussi par le respect du triptyque républicain – liberté, égalité, fraternité – qui sous-tend le modèle actuel, auquel on ajoutera la laïcité, importante en santé. Le concept d'*autonomie solidaire* qui structure la

6. Étude du BCG pour France Biotech, « Faire de la France un leader mondial de la biotech », (novembre 2017).

redéfinition du modèle tend même à renforcer les valeurs cardinales du modèle actuel : liberté de choix, égalité des chances, droits et devoirs des individus, financement solidaire, démocratie sanitaire et sociale. Dans ce sens, on peut affirmer que le nouveau modèle est bien un modèle de santé français même s'il a une vocation universelle. C'est une des raisons qui nous permet d'affirmer que c'est la seule réforme possible en santé en France.

Si l'*autonomie solidaire* résume l'approche philosophique, l'approche stratégique du nouveau modèle repose sur trois piliers : la santé globale, les besoins de santé, la démocratie.

Du soin à la santé : la considération holistique de la santé induit un modèle qui va être tout autant au service de la santé des bien portants que de celle des malades. La prise en compte des déterminants de santé non médicaux, en plus des déterminants médicaux, étend sensiblement le champ d'actions du système de santé et impose une approche très transversale aussi bien sur le plan politique que scientifique. Le nouveau modèle active les connaissances de l'ensemble des sciences sociales. Il ne peut être construit qu'au sein d'un travail d'intelligence collective interdisciplinaire comme celui que l'Institut Santé a mené pendant trois ans. Il va aussi nécessiter l'utilisation plus exhaustive de certains acteurs comme les collectivités territoriales.

De l'offre à la demande : le système actuel est piloté à partir de l'offre de santé, le nouveau modèle le sera à partir de la demande, installant l'individu, l'usager au centre du modèle. Le nouveau modèle n'est centré ni sur l'hôpital, ni sur le médecin traitant, ni sur l'Ehpad, il est centré sur l'individu. Cette demande se traduit en termes de *besoins de santé* qui sont définis comme l'écart entre un état de santé constaté et un état de santé souhaité par l'usager et la collectivité. Ce deuxième pilier induit un système fondé sur la santé publique et non plus sur les soins, avec une visée populationnelle et préventive. Il implique aussi une territorialisation de la santé pour répondre à la demande de façon personnalisée pour les usagers et adaptée aux territoires.

Vers la démocratisation de la santé : ce pilier est une conséquence des deux premiers piliers. Un système centré sur l'individu usager et sa santé globale nécessite un processus de démocratisation sanitaire et sociale poussé. Cet individu *capable*, informé et responsable de sa santé, *acteur* de sa vie, est forcément un acteur à part entière du système de santé, que ce soit sa gouvernance, son financement et son organisation. « *La demande infinie face à une offre finie* », selon la formule de Foucault, résume ce besoin de choisir et ce choix doit être annoncé au grand public et réalisé démocratiquement.

Le nouveau modèle intègre ainsi la notion de *citoyenneté sociale* de T. H. Marshall (1950), qui complète la citoyenneté civile et politique. Ce troisième pilier implique de faire des usagers des *acteurs professionnels* du système, comme le sont les professionnels de la santé. Cette démocratisation de la santé est une réponse indispensable à apporter à la gestion de la *nouvelle génération de risques* (industriels, écologiques, sanitaires, technologiques), que Robert Castel avait déjà identifiée au début des années 2000, dans son remarquable ouvrage sur *l'insécurité sociale*[7] et que la crise sanitaire est venue nous rappeler avec perte et fracas.

Enfin, il y a une dimension européenne à donner à ce nouveau modèle de santé. Cette Europe de la santé est embryonnaire aujourd'hui, mais la crise sanitaire de la Covid a montré l'urgence de bâtir une Europe de la santé qui renforce la protection des citoyens face aux nouveaux risques sanitaires.

Cependant, il est probable que la santé restera largement de la compétence des États dans les prochaines décennies. Nous proposerons quelques pistes pour cette dimension européenne. Ce nouveau modèle à la française et à vocation universelle a comme objectif de renforcer l'influence, le poids diplomatique, la place de la France dans l'Europe et dans le monde. En renforçant la France, il servira aussi la cause de l'Europe.

---

7. Robert Castel, *L'insécurité sociale*, Le Seuil, 2003.

I
La santé publique, pivot du nouveau modèle

L'amélioration de l'état de santé de la population dans son ensemble et de chaque individu en particulier, quelles que soient son origine et son appartenance sociale, est un objectif général fondamental, inscrit dans les textes fondateurs de notre République. Toutefois, si la première partie de cet objectif a été atteinte avec une hausse importante de l'espérance de vie, il n'en est pas de même pour la seconde. Les progrès n'ont pas profité à tous équitablement et les inégalités sociales de santé se sont accentuées. Le coût économique et social de cette situation est très élevé.

Selon l'OMS (2002), la santé publique « *est la science et l'art de prévenir les maladies, de prolonger la vie et d'améliorer la santé et la vitalité mentale et physique des individus, par le moyen d'une action collective concertée visant à cinq objectifs : assainir le milieu, lutter contre les maladies, enseigner les règles d'hygiène personnelle, organiser les services médicaux et infirmiers en vue d'un diagnostic précoce et du traitement préventif des maladies, et mettre en œuvre des mesures sociales propres à assurer à chaque membre de la collectivité un niveau de vie compatible avec le maintien en bonne santé* ».

La santé publique se présente ainsi comme une approche collective des actions de santé. Elle aborde l'organisation de la santé à l'échelle des populations entières. Elle se démarque d'un modèle centré sur la médecine clinique sur au moins deux aspects. D'une part, elle met davantage l'accent sur la prévention et la promotion de la santé que sur les traitements curatifs ; d'autre part, elle développe une approche populationnelle, plutôt que de s'intéresser individuellement aux problèmes de santé des personnes.

De plus, la santé publique comprend des actions visant au maintien en bonne santé, nécessitant de baser la stratégie de santé non plus à partir de l'offre de soins mais à partir des besoins de santé. Nous allons d'abord analyser la notion de besoins de santé et leur prise en compte à travers l'ensemble des déterminants de santé, puis proposer un pilotage de la santé publique.

I.
Besoins de santé et capital humain

La santé a été définie par l'OMS en 1946, comme un état de complet bien-être physique, mental et social, ne consistant pas seulement en l'absence de maladies ou d'infirmités. « *La possession du meilleur état de santé qu'il est capable d'atteindre, constitue l'un des droits de tout être humain* » a été ajouté à la définition en 1977, ce qui lui donne un aspect plus actif et participatif.

Cette définition suppose la présence de différents déterminants de santé, permettant ou non le bien-être physique, mental ou social. La santé est donc un résultat. Mais la santé n'est pas qu'un objectif à atteindre, c'est aussi une ressource (Charte d'Ottawa – 1986) pour réaliser ses ambitions, évoluer, s'intégrer dans la société.

En santé publique, les « *besoins* » de santé peuvent être définis comme l'écart entre un état de santé constaté (grâce à des indicateurs) et un état de santé souhaité par l'individu, la collectivité ou les pouvoirs publics. Les besoins peuvent être objectifs (mesurés) ou subjectifs (perçus), et évoluent dans le temps et l'espace. Ils sont donc définis en combinant les informations sur l'état de santé de la population, les données démographiques et les normes choisies à un instant « t ».

La transformation des *besoins* en *demandes* de soins se réalise à travers le choix que font les individus entre les options possibles selon leur propre perception ou leur condition de santé et leur statut socio-économique. Le besoin est bien un déterminant de l'usage de services de santé par les individus, mais ce n'est qu'un des facteurs affectant la fonction de demande de soins. Le revenu disponible des individus, les prix qu'ils doivent payer, leurs préférences dans la satisfaction des besoins et désirs sont aussi des déterminants de la demande de soins.

L'approche par les besoins de santé rejoint la notion de capital humain. Selon l'OCDE, « *Le capital humain constitue un bien immatériel qui peut faire progresser ou soutenir la productivité, l'innovation et l'employabilité* »[8].

---

8. *L'investissement dans le capital humain*, OCDE, 1998 ; *Du bien-être des nations, le rôle du capital humain et social*, OCDE, 2001.

La santé a une influence déterminante dans l'acquisition de capital humain, et **l'éducation** est le pivot de la formation du capital humain.

1. Réduire les inégalités sociales de santé, une priorité

À 35 ans, un ouvrier a une espérance de vie inférieure de sept ans à celle d'un cadre, alors même que ces deux catégories bénéficient d'un emploi, d'un logement et d'une insertion sociale. Malgré tous les progrès médicaux et la hausse des dépenses de santé, cet écart s'est creusé depuis les années 80 où il était proche de six ans. Ce gradient social n'est pas à rechercher uniquement dans la pauvreté extrême.

À ces inégalités d'espérance de vie s'ajoutent des inégalités de qualité de vie, suite à diverses incapacités. Un cadre de 35 ans peut s'attendre à vivre 73 % de son espérance de vie en bonne santé contre 60 % pour un ouvrier. Il existe bien une double peine pour les catégories socioprofessionnelles plus défavorisées qui vivent moins longtemps et en moins bonne santé.

L'INSEE parle des inégalités sociales de santé comme des « *différences systématiques, évitables et importantes dans le domaine de la santé* ». La santé des plus pauvres représente la partie émergée de l'iceberg. Une vision dynamique des liens entre populations « insérées », en précarisation, en précarité et en exclusion est nécessaire.

Il existe un véritable gradient social des inégalités de santé. Selon l'INSEE, chaque catégorie sociale présente un niveau de mortalité, de morbidité plus élevé que la classe immédiatement supérieure.

Si ces inégalités concernent quasiment toutes les pathologies, on observe que le cancer domine ces inégalités. 40 % d'entre elles pour la mortalité entre 30 et 64 ans sont dues au cancer (en particulier cancer du poumon et des voies aéro-digestives supérieures). Si ces inégalités sont moindres chez les femmes, elles sont de plus grande amplitude chez elles pour les maladies cardio-vasculaires.

Ces inégalités sociales sont plus élevées en France que dans d'autres pays d'Europe. Par exemple, pour les hommes de 45 à 59 ans, le taux de mortalité des travailleurs manuels rapporté à celui des travailleurs non manuels est de 1,7 en France et inférieur à 1,4 chez la plupart des autres pays européens (Italie, Espagne, Portugal, Suède). Les disparités régionales de santé sont très marquées en France, avec un gradient Nord-Sud net, en défaveur du Nord. L'espérance de vie d'un homme en Île-de-France est supérieure de quatre ans à celle d'un homme vivant dans le Pas-de-Calais, à statut social équivalent.

2. Agir sur les déterminants de santé en renforçant les capacités individuelles

La question des déterminants de santé en France a longtemps uniquement porté et porte encore bien trop sur les soins individuels et la relation entre un malade et un médecin. Le débat de la santé en France se réduit à l'accès aux soins et sa couverture par l'Assurance maladie. La qualité et l'accessibilité du système de soins jouant un rôle secondaire dans ces inégalités sociales, il faut en chercher les causes ailleurs.

Grâce à l'épidémiologie clinique, on a identifié les principaux facteurs de risque (alcool, tabac, sédentarité…) des grandes causes de décès. On a ainsi cru détenir une explication simple et une solution tout aussi simple : inciter les populations à ne pas adopter les comportements à risque. Or, les comportements individuels ne sont pas le facteur prédominant pour expliquer les différences sociales de santé.

Des chercheurs britanniques et des études internationales[9] ont démontré que le système de soins (accès, qualité) n'avait un impact qu'à hauteur de 20 % sur l'état de santé de la population. Les comportements individuels représentaient 30 % de l'ensemble des déterminants et l'environnement physique (habitation, milieu de travail, lumière, bruit, espace, qualité de l'air, stress ressenti) comptait pour 10 %. Les déterminants socio-économiques ont donc bien le plus gros impact (40 %) sur l'état de santé de la population. Les sciences sociales ont donc un rôle essentiel à jouer en santé.

S'il existe plusieurs théories explicatives sur l'importance des différents déterminants de santé, un consensus existe sur plusieurs points. Les conditions de naissance et de vie dans la petite enfance, lorsqu'elles sont

9. "If you could do one thing", *British Academy*, January, 2014.

défavorables, posent les fondements créateurs d'inégalités. Ainsi, la mise en œuvre de certains programmes de prévention précoce dans la petite enfance a permis d'objectiver une réduction des inégalités de santé à l'âge adulte[10].

Selon l'OMS, il existe aussi un effet cumulatif de déterminants sociaux et économiques défavorables qui se combinent au cours de la vie. Le développement d'un certain nombre de compétences (maîtrise du langage, lutte contre l'échec scolaire, l'estime de soi) qui visent à renforcer les capacités de chacun pour avoir un contrôle sur sa destinée est fondamental. Les facteurs psychosociaux (et pas seulement matériels) jouent un grand rôle dans la genèse des inégalités sociales de santé.

L'élévation de l'état de santé des personnes socialement défavorisées, même jusqu'au niveau de santé moyen, aurait un impact très élevé sur la santé en général et sur la productivité de la France. Une étude canadienne[11] a démontré que le quintile de revenu le plus faible des ménages représente environ 31 % des dépenses annuelles de santé, soit le double de l'utilisation du quintile de revenu le plus élevé.

---

10. Paquet G., *Partir du bas de l'échelle. Des pistes pour atteindre l'égalité sociale en santé*. Montréal, Les Presses de l'Université de Montréal, 2005 : 152 p.
11. *Health disparities task Group, 2004, Mackenbach, Meerding & Kunst, 2007.*

Ainsi, si l'état de santé des plus défavorisés était équivalent à celui des revenus moyens, des économies considérables des coûts des soins seraient réalisées. En France, deux tiers des dépenses de l'Assurance maladie (près de 100 milliards d'euros) et 80 % de la hausse annuelle des dépenses sont concentrées sur les patients chroniques. L'étude canadienne a aussi montré qu'un meilleur état de santé permet à un plus grand nombre de personnes de participer à l'économie. La réduction de 10 % à 20 % des coûts de productivité manquée peut ajouter des milliards d'euros à l'économie.

Pour mesurer les gains de la prévention, les Canadiens ont une approche appelée «*prospective de l'inaction*». En poursuivant avec un modèle de santé qui néglige le maintien en bonne santé et la réduction des inégalités sociales de santé, nous en connaissons les coûts. Ils sont humains d'abord : 75 000 décès liés au tabac, 40 000 liés à l'alcool, 48 000 liés à la pollution selon Santé publique France. Ils sont ensuite économiques : 240 milliards d'euros pour l'alcool et le tabac[12], 20 à 30 milliards pour l'environnement[13]. Ces coûts sont l'addition de coûts de perte de vies humaines, de coûts de perte de qualité de vie, de coûts de perte de production et des coûts de soins.

---

12. Le coût social des drogues. Pierre Kopp, OFDT, septembre, 2015.

13. «Pollution de l'air et santé : le coût pour la société». Commissariat général du développement durable, octobre 2013.

Un investissement dans le maintien en bonne santé favorise la hausse du taux d'activité de la population, i.e. la part de la population en âge de travailler (15-64 ans) qui est active. Il était de 71,9 % en France contre 73,6 % en moyenne dans l'Union européenne, 78,2 % en Allemagne, 78,5 % au Royaume-Uni et 84 % en Suisse en 2018. L'activité détermine le stock d'individus volontaires pour contribuer à la production de biens et services marchands. Il conditionne donc la croissance potentielle de l'économie.

Il a été démontré par Alan Krueger (2017) aux États-Unis que les déterminants de longue période des taux d'activité sont liés à des obstacles physiques et mentaux, à la fréquence de consommation d'analgésiques. Quand 45 % des Français selon l'INSEE en 2018 contre 34 % en 2007 considèrent que leur état de santé s'est dégradé, c'est un frein à la croissance. Il en est de même de l'impact de la stagnation de l'espérance de vie sans incapacité à 62,6 ans chez les hommes depuis 2010.

Ce dernier point est aussi un frein au recul de l'âge de la retraite qui est un des leviers le plus efficace pour équilibrer les comptes de l'assurance vieillesse (gains de 10 milliards d'euros en relevant l'âge de départ d'un an). On pourrait aussi mentionner le retour au plein emploi souvent évoqué par les politiques. Une amélioration de l'état de santé de la population en est un déterminant majeur.

La crise de la Covid-19 a pleinement démontré l'impact social et économique d'un état de santé dégradé de la population, qui démultiplie les coûts des pandémies. En résumé, l'investissement dans le capital humain en santé est un gisement considérable d'économies par éviction d'un certain nombre de coûts (perte de vies, dégradation de la qualité de vie, perte de production) et par accélération de la croissance économique.

Le nouveau modèle de santé doit intégrer cette approche d'investissement dans le capital humain en santé pour économiser des milliards d'euros de soins d'une part, et relancer l'économie par une hausse de la productivité et du taux d'activité de la population d'autre part. Les coûts des inégalités de santé et des pathologies chroniques doivent être considérés comme de potentiels gisements d'économies si un investissement adéquat est réalisé dans les déterminants de santé.

Le lien entre croissance économique et système d'éducation est aujourd'hui bien établi. Philippe Aghion a bien démontré que chaque pays est caractérisé par son niveau technologique (mesuré par son éloignement par rapport à la frontière technologique), et que ce niveau technologique déterminerait le système d'éducation le mieux adapté à chaque pays. La discipline de l'économie de la santé devrait s'intéresser davantage à cet investissement social en santé pour en évaluer le rendement et son impact sur la croissance économique.

II.
Une gouvernance politique dédiée à la santé publique

La crise de la Covid-19 a révélé l'impréparation de l'État sanitaire et son manque de réactivité dans la gestion courante de la crise. Le résultat en est une performance sanitaire de la crise plutôt moyenne et la prise de conscience de la perte de notre souveraineté sanitaire.

Grâce à un dévouement exceptionnel de nos professionnels de santé et à une certaine ingéniosité française, notre pays a fait face à la crise avec un réel sens du bien commun. Cependant, il nous faut tirer les leçons des dysfonctionnements de l'État sanitaire.

1. Restructuration de l'État sanitaire

Une des conditions pour garantir collectivement et individuellement la sécurité et la liberté des personnes est la bonne maîtrise des risques sanitaires, ce qui exige la mise en place d'une organisation institutionnelle adéquate. Sans cette dernière, la liberté et la sécurité des personnes resteront durablement fragilisées.

Il serait tentant de sauter le pas pour faire de la santé une fonction régalienne au même titre que la sécurité intérieure (police), la sécurité extérieure (armées, diplomatie), la justice, la monnaie et la fiscalité. Ce serait oublier que pour les pandémies, comme pour la prévention et la prise en charge des pathologies chroniques, l'engagement et la responsabilité individuels sont primordiaux.

Pour réarmer l'État face aux risques sanitaires, il faut une gouvernance politique sanitaire forte. Le ministère de la Santé doit être uniquement dédié à la santé (c'est le cas dans beaucoup de pays développés), avec un poids politique à la hauteur des enjeux. En France, le ministère est soit intégré dans un vaste ministère des Affaires sociales, soit piloté par un secrétaire d'État ou un ministre à faible pouvoir politique (actuellement, le ministre de la Santé occupe la quatorzième place dans l'ordre protocolaire du gouvernement).

Face à la multitude d'agences sanitaires, nous recommandons la constitution d'une grande Agence nationale de santé publique (ANSP) intégrée pour assumer les grandes fonctions de santé publique suivantes :

– *le contrôle de la situation sanitaire :* évaluer l'état de santé de la population, identifier les menaces existantes et potentielles, évaluer périodiquement les besoins de services de santé ;

- *la surveillance épidémiologique* (système d'alerte et de réaction) : réagir rapidement pour maîtriser les risques épidémiques, combattre les menaces spécifiques (maladies transmissibles et non transmissibles, environnement, traumatismes), mettre en œuvre des dispositifs pour améliorer les systèmes de surveillance. Une cellule de crise sanitaire interministérielle et interdisciplinaire doit être créée pour être opérationnelle lors de toute crise sanitaire, avec du personnel formé et mis en situation régulièrement ;
- *l'élaboration de politiques et de planification en matière de santé publique :* élaboration de politiques et une législation pour encadrer l'exercice de la fonction publique, concevoir et évaluer des plans pour promouvoir et protéger la santé publique ;
- *la réglementation et les mesures coercitives pour la protection de la santé publique :* mettre en application les lois et règlements en santé publique ;
- *le développement et la planification des ressources humaines en santé publique :* garantir une offre en adéquation avec les besoins, assurer que le personnel sanitaire bénéficie d'un enseignement et d'une formation professionnelle adéquats ;
- *la promotion de la santé, la participation et le droit de regard des citoyens :* contribuer à améliorer la capacité et les aptitudes de la population en matière de santé ; créer des environnements en phase avec des choix favorables à la santé ; faciliter les modes de vie pour les citoyens favorables à leur santé ;

– *l'assurance de la qualité des services de santé destinés aux personnes et à la population :* définir des critères de qualité de ces services et élaborer des modèles d'évaluation de la qualité.

Cette Agence nationale de santé publique représentera un décloisonnement de la santé publique et une simplification administrative porteurs d'efficacité et d'efficience de l'état sanitaire. Cette agence regroupera, entre autres, Santé publique France, le Haut Conseil pour l'avenir de l'Assurance maladie, le Haut Conseil de la santé publique et l'Agence nationale d'appui à la performance. Elle sera un établissement public doté d'une autonomie opérationnelle, dirigée par un directeur général nommé en Conseil des ministres, et sera déclinée dans chaque région sous la forme des Agences régionales de santé existantes, qui seront recentrées sur les fonctions de santé publique décrites précédemment. Les actuelles Agences régionales de santé (ARS) seront renommées Agence régionale de santé publique (ARSP) et seront dirigées par des personnes disposant d'une réelle expertise en santé publique, ce qui n'est pas le cas actuellement.

Ces ARSP devront être des machines de guerre de santé publique, ni plus ni moins. Elles disposeront aussi d'une cellule de crise sanitaire, en miroir de la cellule nationale.

Le renforcement institutionnel d'une nouvelle architecture politique en santé a un double enjeu : renforcer le poids politique de la santé et instaurer une approche interministérielle, facteur clé de succès d'une politique de santé publique. Face à la primauté donnée à la santé publique pour définir la politique de santé en France dans le nouveau modèle, le gouvernement doit être composé d'un secrétaire d'État dédié à la santé publique qui serait sous la tutelle de Matignon[14] pour la gestion interministérielle, et celle du ministère de la Santé. Son profil répondra à un haut niveau de compétences en santé publique, alors que le profil du ministre de la Santé serait plus politique, exigeant une approche multidimensionnelle de la santé (sociale, économique, éthique, industrielle, médicale). Ce secrétaire d'État pilotera le Comité interministériel pour la santé créé en 2014, dont la visibilité politique et les moyens seront sensiblement renforcés. Selon le principe d'Helsinki de «*Health in all Policies*», il veillera à la coordination des politiques publiques en faveur de la santé sur un plan national et au niveau régional par les directions des Agences régionales de santé publique.

2. Une loi de programmation sanitaire à cinq ans

La constitution d'un État sanitaire stratège nécessite la réforme institutionnelle proposée précédemment,

14. Le gouvernement Castex dispose actuellement de ministres délégués (relations avec le Parlement, égalité hommes-femmes) et deux secrétaires d'État rattachés (porte-parole, personnes handicapées) au Premier ministre.

mais aussi des instruments de gouvernance lui permettant de fixer des priorités de santé publique à moyen terme, soutenues par une stratégie, un plan d'action et un financement adaptés. Outre le renforcement des services de santé, il faudra réarmer notre recherche et notre industrie de santé[15]. Le recouvrement de notre souveraineté sanitaire en dépendra.

Nous proposons l'établissement d'une loi de programmation sanitaire à cinq ans, qui comprendra les objectifs prioritaires de santé publique, la stratégie nationale de santé qui en découle et le financement des dépenses et des investissements. Cette loi de programmation sera votée en début de quinquennat et aura fait l'objet d'un large débat public pendant la campagne présidentielle. Elle servira de feuille de route à l'ensemble des acteurs de la santé, mais aussi à l'ensemble des politiques publiques ayant un impact sur l'état de santé de la population.

Cette loi de programmation sanitaire participera à la constitution d'un caractère régalien à la politique de santé dont la crise sanitaire de la Covid-19 a démontré le besoin. À titre d'exemple, pour une des fonctions régaliennes de l'État, la Défense nationale, il existe une loi de programmation militaire, qui vise à établir une programmation pluriannuelle des dépenses que l'État français consacre à ses forces armées, sur une période

15. Voir partie IV.

de six ans. Compte tenu du principe d'annualité budgétaire[16] et de la primauté des lois de finances sur les engagements pluriannuels de l'État, la mise en œuvre de la loi de programmation sanitaire sera, comme pour la loi de programmation militaire, subordonnée à sa transposition dans une loi de finances annuelle. Cette dernière est la loi de financement de la Sécurité sociale votée à l'automne chaque année.

Cette loi de programmation sanitaire aura un impact sur la structuration des futures lois de financement de la Sécurité sociale. Jusqu'à maintenant, cette loi était avant tout une feuille de route comptable visant à atteindre un objectif d'équilibre des comptes (jamais atteint pour l'Assurance maladie depuis l'entrée en vigueur de la loi). Sans vision politique, les projets de loi de financement de la Sécurité sociale représentent un livret indigeste de 130 pages (pour celui de 2021) et accessible uniquement à une poignée de parlementaires experts en la matière. Le vote de cette loi de financement, qui représente pourtant le plus haut niveau de dépenses publiques en France – 551 milliards en 2021, dont 218 milliards pour la santé – se fait sans véritable débat politique de fond.

Si cette approche est compatible avec la gestion courante de l'assurance chômage, de l'assurance vieillesse et des accidents du travail qui relèvent, hors besoin de réforme systémique, de gestion de flux financiers

16. Un des fondements du droit budgétaire français énoncé à l'article 2 de l'ordonnance n° 59-2 du 2 janvier 1959.

et d'ajustements, c'est incompatible avec la gestion de notre politique de santé. Le vote de loi annuelle de financement de la Sécurité sociale devra distinguer, voire séparer la santé des autres branches de la Sécurité sociale, dont l'examen sera réalisé en regard de l'application de la loi de programmation sanitaire.

3. La réforme de l'État, indispensable à la réforme de santé

Trois mesures s'inscrivent dans la réforme institutionnelle et dans une réforme plus large de l'État français.

La première est de donner les moyens à l'État sanitaire de fixer un cap politique clair en santé, d'établir une stratégie solide à moyen terme, déclinée en un programme d'actions adapté. Pour ce faire, il faut réarmer l'État sur le plan des institutions sanitaires comme proposé précédemment.

La deuxième mesure est la bonne délimitation du périmètre des missions de l'État dans le système de santé. L'étatisation de la gouvernance de la santé menée par tous les pouvoirs politiques depuis vingt-cinq ans est arrivée à son terme, tuant tout esprit de délégation de service public (à l'Assurance maladie, entre autres) et toute démocratie sociale qui étaient au cœur du modèle social de 1945. L'État monopolise dorénavant tous les pouvoirs de décision, faisant de tous les autres acteurs de simples supplétifs, des exécutants à sa botte.

Cette ultra-étatisation est l'une des causes majeures du délitement de notre système de santé. L'État sanitaire actuel est un canard sans tête, omniprésent et impuissant à la fois, qui prend des décisions qui devraient revenir soit aux professionnels de santé, soit aux maires, soit aux départements ou aux régions.

Au moins trois raisons expliquent l'impuissance et l'inefficacité de notre État sanitaire. L'État est perclus de conflits d'intérêts, se trouvant en permanence juge et partie. À la fois initiateur des lois, régulateur, opérateur et « propriétaire » des hôpitaux publics, évaluateur, il agit sans contre-pouvoir. Montesquieu avait vu cet écueil : « *Pour qu'on ne puisse abuser du pouvoir, il faut que, par la disposition des choses, le pouvoir arrête le pouvoir* ».

Ensuite, l'ultra-étatisation conduit naturellement à l'ultra-bureaucratie. Pour tout diriger, l'État ne sait pas faire autrement que tout normer, même là où la compétence professionnelle devrait remplacer la norme. La norme remplace la compétence et la confiance. Tous les secteurs du soin sont ainsi soumis à une bureaucratie tentaculaire, qui mine l'attractivité des métiers et tout esprit d'initiative.

Enfin, l'ultra-étatisation a tué toute démocratie sanitaire et sociale et installé un système de courtisanerie, digne de l'Ancien Régime. Cette Cour compose un spectacle où chacun est acteur et spectateur en même temps. Les relations restent superficielles, on n'échange que des simulacres. Lieu de l'exposition de son pouvoir, le Monarque met à disposition palais et jardins, et organise de grandes fêtes.

La deuxième mesure est donc de revoir la disposition des choses, le périmètre de l'État sanitaire. Dans le nouveau modèle, l'État est stratège et régulateur avant tout. Il définit la stratégie nationale de santé, il initie les lois (dont la loi de programmation sanitaire) et les fait appliquer. Sur le plan opérationnel, il délègue la gestion des soins au payeur, l'assurance santé (appelée dans le modèle actuel Assurance maladie), dont la gouvernance sera repensée, tandis que la santé publique sera déléguée en partie aux collectivités territoriales.

La troisième mesure concerne la restructuration du fonctionnement de l'administration de l'État. Dans cette requête, il faut savoir rester mesuré, tant ce fonctionnement étatique centralisé est inscrit dans les fondations et l'histoire de notre pays. Cette évolution sera davantage une amélioration d'une institution dont les fondamentaux demeureront.

Outre la réforme de la formation des fonctionnaires et des grands corps d'État initiée en 2021, d'autres mesures sont à prendre. D'abord, un système d'évaluation et d'incitation des fonctionnaires est à instaurer pour sortir d'une situation dont la performance individuelle impacte peu les carrières et où un sentiment d'impunité existe. La santé est une bonne illustration de ce phénomène. À titre d'exemple, la direction générale de la santé a, selon une Commission d'enquête du Sénat en 2020, «*fait modifier a posteriori un rapport d'expert*» pour ne pas renouveler l'approvisionnement des masques en 2018. Malgré les conséquences dramatiques de la pénurie de masques début 2020, aucune sanction ni aucun changement à la tête de cette direction n'ont été opérés.

Ce centralisme administratif ne s'exprime pas seulement par une concentration du pouvoir absolu au sommet de la pyramide étatique, mais aussi par l'instauration d'une distance absolue entre les décideurs et ceux qui seront affectés par cette décision. Le réel pouvoir est coupé du monde, il n'a pas la connaissance pratique des sujets qu'il traite. Ceux qui ont cette connaissance dans l'administration n'ont pas de pouvoir de décision. Ainsi, les décideurs n'ont pas à craindre les conséquences de leurs décisions et ceux qui exécutent n'ont pas à redouter l'intrusion de leurs supérieurs.

Le sociologue Michel Crozier insiste sur une deuxième faille de notre organisation administrative, qui est la stratification des ressources humaines, selon des lignes fonctionnelles mais surtout hiérarchiques. Les carrières sont régulées par le passage d'une catégorie à une autre. À l'intérieur de chaque catégorie, la règle égalitaire prévaut et la pression du groupe sur l'individu est considérable. Cela rend l'institution rigide et privilégie la routine.

Une évaluation individualisée, des primes individuelles et collectives basées sur la performance sont à instaurer le plus largement possible dans l'administration française. Les notions de performance et d'efficience doivent être intégrées, tout autant que celle de respect et de dignité de la personne, une forme d'*autonomie solidaire*.

III.
Une nouvelle donne pour les collectivités territoriales

1. Faire aboutir la territorialisation de la santé

L'échelle géographique adéquate pour piloter le nouveau modèle de santé à partir des besoins de santé reste à définir. Il existe une multitude d'outils de territorialisation sanitaire mise en place depuis plusieurs années, créant une certaine confusion pour les acteurs de santé et les gestionnaires du système et une réelle illisibilité pour les citoyens.

On peut citer les Groupements hospitaliers de territoire (GHT), les Communautés professionnelles territoriales de santé (CPTS), les Conseils territoriaux de santé (CTS), la sectorisation en psychiatrie... Dans la loi HPST de 2009, le territoire de santé devient le territoire légal de référence, les Agences régionales de santé étant chargées de définir de nouveaux territoires de santé.

Le modèle actuel de santé étant construit autour de l'hôpital et à partir d'un pilotage de l'offre de soins et non des besoins, les multiples tentatives de territorialisation sanitaire depuis les années 60 n'ont jamais réellement abouti, à l'exception du secteur de la psychiatrie.

L'échec de la territorialisation sanitaire, dix ans après la loi HPST de 2009 censée la faire aboutir, est à analyser avec attention. D'abord, si cet échec est contesté par la haute fonction publique et une partie des politiques, il est incontestable pour les professionnels de santé et les citoyens. Pour ces derniers, ces territoires de santé n'ont pas de réalité.

Cet échec provient, entre autres, d'une gouvernance étatique omnipotente, déconcentrée mais pas décentralisée d'une part et de l'absence de structuration d'une véritable organisation territoriale unifiée d'autre part.

Les territoires de santé, des bassins de vie sanitaires

Un des enseignements des échecs de la territorialisation de la santé dans le passé est de prendre conscience que le territoire seul ne peut pas grand-chose s'il ne dispose pas d'une existence physique cohérente, d'obligations légales, de leviers financiers, d'une gouvernance dotée d'une autonomie suffisante et d'objectifs clairement définis.

Notre méthode pour élaborer les nouveaux territoires de santé s'appuie principalement sur les bassins de vie, complétée par une analyse des flux réels hospitaliers et ambulatoires afin de concevoir des bassins de vie sanitaires. Rappelons qu'un bassin de vie constitue le plus petit territoire dans lequel les habitants ont accès aux équipements et services les plus courants.

Selon l'INSEE, il existe 1 666 bassins de vie en France, dont 379 bassins de vie urbains couvrant 45 millions d'habitants (soit 119 000 habitants par bassin) et 1 287 bassins de vie ruraux regroupant 21 millions de personnes, 7 fois moins denses que les urbains (soit 16 300 habitants par bassin). L'articulation des territoires avec l'activité hospitalière est basée sur les habitudes de déplacement de la population concernant les services publics et privés les plus courants[17]. L'approche hospitalière génère l'instauration de seuils minimaux de population par territoire (150 000 habitants par établissement hospitalier selon la Fédération hospitalière de France). L'accessibilité en temps à un établissement, en particulier pour l'accès à un service d'urgence hospitalière (maximum 30 min), est aussi à prendre en compte.

L'analyse des flux majoritaires vers la médecine de ville (pôles de soins, cabinets médicaux, maisons de santé) à partir des données de l'Assurance santé

17. Site de la direction interministérielle à l'aménagement et la compétitivité des territoires, Observatoire des territoires (http://www.territoires.gouv.fr).

obligatoire est nécessaire. Le recours ambulatoire est utilisé pour déterminer des territoires de proximité, qui sont ensuite agrégés en fonction de leur recours à un pôle hospitalier. L'indicateur APL (Accessibilité potentielle localisée) est à utiliser.

Sachant que le nouveau modèle de santé confortera la liberté de choix de son professionnel de santé et de son établissement de santé, l'unité géographique territoriale doit proposer un nombre suffisant de structures de premier recours pour respecter ce droit à la liberté de choix. La taille des territoires est aussi calibrée pour répondre à la couverture de soins souhaitée : le premier recours (permanence de soins impliquant le généraliste, la sage-femme, l'infirmier et le pharmacien), le niveau intermédiaire (médecine polyvalente, premier niveau d'hospitalisation et de plateau technique) et le niveau de recours hospitalier (dispense de soins spécialisés) correspondent au niveau de desserte de l'hôpital pivot du territoire de recours.

Chaque territoire de santé couvrira en moyenne 150 000 habitants, avec un écart-type élevé du fait des différences importantes de densité de la population entre les zones urbaines et rurales. Un territoire de santé dans une zone rurale pourra couvrir l'équivalent de 4 à 5 bassins de vie et la moitié d'un département. À titre indicatif, 26 départements plutôt ruraux ont moins de 300 000 habitants et disposeront de 2 territoires de santé au maximum, 10 départements plutôt urbains ont une population de plus de 1,4 million de personnes et auront une dizaine de territoires de santé. Pour s'inscrire dans le découpage administratif actuel, qui intègre le pilotage du médico-social (pour les départements) et de plusieurs missions de santé publique (communes, départements), il est souhaitable que les territoires de santé s'intègrent dans le découpage départemental.

Cette territorialisation s'inscrit ainsi dans une mesure de simplification administrative substantielle de la santé sur le plan local. Le zonage de ces territoires devrait être revu à occurrence régulière pour prendre en compte des évolutions géographiques. Nous verrons plus loin que ces territoires de santé ne seront pas une administration supplémentaire, mais un espace de concertation, de dialogue et de coordination.

Des territoires de santé dotés de missions de santé publique et de soins

Les professionnels de santé exerceront ou seront nommés dans un territoire de santé, à partir d'un cabinet ou d'un établissement. Ils rempliront les missions de santé publique et de soins, par délégation de service public géré par un contrat d'objectifs et de moyens établi entre la gouvernance territoriale et l'Assurance santé régionale.

En matière de soins, on peut définir quatre missions socles :

– *accès aux soins pour tous :* assurer le meilleur maillage du territoire avec les professionnels disponibles (points de consultations avancées, télémédecine) et contribuer à faciliter les projets d'installation de nouveaux professionnels (attractivité des territoires) et une plus grande mobilité professionnelle (dans le public comme dans le privé). L'échelon territorial est le plus adapté pour mettre en adéquation l'offre et la demande de santé;

- *continuité et permanence des soins:* organiser la prise en charge des soins non programmés qui ne relèvent pas des urgences hospitalières. Il s'agit d'assurer la continuité et la permanence de la réponse aux demandes de soins non programmés avec les fonctions suivantes: régulation, téléconsultation, orientation, fonctionnement des maisons de soins non programmés, organisation appropriée de la permanence de soins ambulatoires;
- *coordination des parcours de soins des patients chroniques et la fin de vie:* adapter au territoire les recommandations de la Haute Autorité de Santé et des conseils nationaux professionnels;
- *accès aux innovations technologiques* (DMP, télémédecine, IA) pour les soignants et les patients.

En matière de santé publique, le territoire de santé aura trois missions socles dans le cadre de sa responsabilité opérationnelle:

- mise en place des actions de prévention et de promotion de la santé;

- participation à la veille, à la sécurité sanitaire et aux observatoires de la santé ;
- participation à la gestion des crises sanitaires.

Les compétences en santé des communes et des établissements publics de coopération intercommunale ne changent pas fondamentalement par rapport à celles d'aujourd'hui. En revanche, ces collectivités locales seront davantage intégrées selon une gouvernance que nous proposerons ultérieurement.

2. Les départements : des collectivités de proximité pour le maintien en bonne santé à tout âge

Les départements disposent actuellement de missions spécifiques dans le social, le médico-social et la santé publique. Certaines missions de santé publique sont communes à plusieurs collectivités territoriales.

Les départements ont déjà des compétences dans la prévention et la promotion de la santé pour la petite enfance et les sujets âgés. Pour renforcer ce rôle de maintien en bonne santé de sa population, nous proposons d'étendre ces compétences à l'ensemble des classes d'âge pour faire du département l'opérateur pivot dans ce domaine. Les compétences sociales du département, ajoutées à ce rôle d'opérateur pivot dans le maintien en bonne santé à tous les âges, devraient favoriser la réduction des inégalités sociales de santé.

Renforcer et clarifier les missions de santé existantes des départements

Le secteur médico-social est aujourd'hui un enchevêtrement complexe de dispositifs et de structures qui entrecroisent besoins et attentes de personnes aux situations très diverses, celles souffrant de handicap et des personnes âgées. Ce secteur est encadré actuellement par deux autorités : le conseil départemental pour la prise en charge de la dépendance et l'Agence régionale de santé pour les dotations en soins.

Dans les faits, cette division de l'autorité entraîne des responsabilités conjointes pour l'ARS et les départements qui gênent le bon fonctionnement du secteur. C'est le cas, par exemple, des doubles autorisations pour les Ehpad, soumis à des contrats pluriannuels d'objectifs et de moyens à différents objectifs, à des doubles tarifications, et à une complexité administrative très contraignante.

Le nouveau modèle de santé doit faire le choix du financement et du pilotage du secteur. Nous pensons que les conseils départementaux, déjà mobilisés, sont les mieux placés. Ils constituent des opérateurs mobilisés dans l'action et l'intervention sociales. Depuis la loi de Modernisation de l'action publique territoriale et d'affirmation des métropoles de 2014, ils incarnent pleinement le statut de *chef de file* de l'action sociale, particulièrement dans le champ de la perte d'autonomie. Ils sont au cœur d'un mouvement de territorialisation des politiques de l'autonomie, et ont été les premiers à rapprocher les questions du grand âge et du handicap à travers leurs schémas départementaux de l'autonomie et des solidarités.

Cette vision stratégique au niveau du bassin départemental et la spécialisation des conseils départementaux dans l'accompagnement des personnes âgées et en situation de handicap leur confèrent une expertise déterminante pour adapter au mieux l'offre médico-sociale sur leur territoire. Exercice nettement plus compliqué s'il est réalisé à l'échelle des actuelles régions.

L'échelle départementale constitue par ailleurs une échelle pertinente pour l'évaluation des besoins sociaux territoriaux, pouvant être très disparates d'un environnement urbain à un environnement rural ou périurbain. À ce titre, les diagnostics menés par les conseils départementaux sont représentatifs de potentialités et vulnérabilités sociales qui, bien souvent, échappent aux projets régionaux de santé.

La prise en charge à domicile

Pour le secteur médico-social, il s'agit bien pour l'avenir de structurer une offre qui renforce l'axe domiciliaire, permettant aux individus de leur garantir un accompagnement efficace. Cela passe bien souvent par des accompagnements dits de renforcement (à domicile) ayant pour objectif de limiter les conséquences néfastes d'un vieillissement en mauvaise santé, dans une approche préventive et non forcément institutionnelle. Les conseils départementaux sont d'ailleurs les seuls responsables de la délivrance d'autorisation pour des Services d'aide et d'accompagnement à domicile (SAAD), prenant en charge des personnes âgées ou handicapées. Ces organisations sont capitales pour le renforcement du domiciliaire et actuellement reléguées à tort en second plan par rapport aux Ehpad.

La prise en charge institutionnelle des personnes est un axe qui doit être renforcé pour des situations jugées critiques. Une augmentation des capacités des structures spécialisées dans la prise en charge des maladies neurodégénératives est à piloter à l'échelle départementale, en privilégiant les petites unités de vie collective médicalisées disséminées sur les bassins de vie et les équipes gériatriques hors les murs. Cette nouvelle granulométrie d'accompagnement suppose un renforcement du pilotage par les conseils départementaux et une coordination locale par ces derniers (actuellement et principalement dans les mains des Agences régionales de santé). Or, le pilotage du secteur médico-social dans le plan régional de santé se focalise principalement sur les prises en charge en Ehpad ou sur des parcours de soins coordonnés pour les personnes âgées.

La Protection maternelle et infantile

La PMI peut être définie comme un service public participant à la politique de santé publique concernant l'enfant dès avant sa conception et jusqu'à son entrée à l'école primaire obligatoire (6 ans).

Parmi les compétences en santé du département, nous proposons la mise en œuvre des actions de prévention et promotion de la santé de tous les enfants de la naissance à l'âge adulte, quel que soit le lieu où ils sont pris en charge (Éducation nationale, établissements spécialisés, enseignement privé), en partenariat avec les professionnels de santé concernés. Il faut développer la PMI pour tous par des actions de prévention primaire et de promotion de la santé pour réduire les besoins de prévention tertiaire exercés par les services de protection de l'enfance.

Confier de nouvelles missions de santé au département

Si la situation est hétérogène selon les départements, le nouveau modèle de santé comportera un plan d'investissement dans les moyens humains et matériels du service public territorial de santé visant à remettre à niveau chaque département.

Outre ce plan d'investissement, il faut confier de nouvelles missions de santé publique aux départements, qui s'avèrent le bon échelon pour réduire la fracture sociale sanitaire. Deux nouvelles missions concernant la santé scolaire et la santé au travail seront confiées au département.

La santé scolaire

Si le principe d'une médecine préventive scolaire a été posé par la Révolution, c'est par l'ordonnance du 18 octobre 1945 que la protection de la santé des enfants d'âge scolaire sera réellement organisée. En 1964, le service de santé scolaire a été rattaché au ministère de la Santé et dépend des Directions départementales des Affaires sanitaires et sociales (DDASS, service déconcentré de l'État, supprimé en 2010). Alors que le service devait être décentralisé en 1983 au profit des départements, comme la PMI, il ne le sera finalement pas. Il est confié à l'Éducation nationale par décret du 21 décembre 1984.

La perte d'attractivité des métiers de la médecine scolaire, les mauvais indicateurs sanitaires en milieu scolaire (notamment en matière d'addiction) et plusieurs rapports institutionnels, démontrent l'échec du pilotage de la santé scolaire par l'Éducation nationale.

Le département doit devenir l'opérateur de la santé scolaire dans un double but de continuum de la prévention sanitaire à tous les âges et de décentralisation de certains services de l'État. La décentralisation de la PMI au niveau départemental a été globalement un succès et a démontré que le département était un bon échelon géographique pour gérer la prévention. Nous proposons d'aller au bout de la logique de décentralisation des services sanitaires de l'État initiés en 1983 avec la PMI et l'Aide sociale à l'enfance.

La santé scolaire sera associée à la PMI et relèvera du département afin d'assurer une continuité dans l'intérêt de l'enfant, qui n'existe pas aujourd'hui. Parmi les missions des PMI, figurent la planification et l'éducation familiale. Dans ce cadre, le personnel des Centres de planification et d'éducation familiales[18] intervient, normalement, au sein des collèges et lycées en action collective d'éducation à la santé et à la sexualité. Toutefois, ces interventions sont rares, ponctuelles, sans progression, ni objectifs pédagogiques.

Avec l'intégration de la santé scolaire dans le giron du département, il conviendra d'organiser une réelle *éducation à la santé*, organisée en partenariat avec les personnels de l'Éducation nationale, pour tous les enfants, avec des objectifs évolutifs, pour permettre à tous les enfants d'apprendre à *faire des choix responsables en santé.* Cette éducation à la santé est le fondement de l'autonomie.

La santé universitaire

De même que les 12 millions d'élèves de l'enseignement primaire et secondaire souffrent d'une vraie déficience de services de santé, les performances des services de santé dans l'enseignement supérieur (2,7 millions d'étudiants en 2019) sont aussi insuffisantes.

Dans le mouvement des ordonnances de 1945 créant la PMI, la médecine scolaire, un service de médecine préventive universitaire fut constitué la

18. Les Centres de planification et d'éducation familiale (CPEF), sont financés par les Conseils départementaux. Leurs missions sont mises en place dans des services de la Protection maternelle et infantile ou dans des structures hospitalières ou associatives.

même année, à la demande des étudiants. Les objectifs de ce service étaient alors la lutte contre la tuberculose, la malnutrition et les maladies vénériennes. À partir de 1988, un décret mit en place les Services universitaires de médecine préventive et de promotion de la santé (SUMPPS) et fixa leurs missions autour de la visite médicale obligatoire, la prévention et la promotion de la santé. Dorénavant, l'importance est donnée à une approche globale de la santé. Lieux d'accueil à compétence médico-psychosociale, les SUMPPS sont situés en général sur le campus universitaire, à proximité des lieux de vie des étudiants et du dispositif d'enseignement qu'ils fréquentent.

Mais ces SUMPPS ne sont pas plus efficaces que les autres services de prévention et de promotion de la santé relevant du ministère de l'Éducation nationale. Un rapport d'information du 12 décembre 2012[19] pour l'Assemblée nationale montre les difficultés de ces services créés par la loi du 26 janvier 1984 sur l'enseignement supérieur.

Ces services sont confrontés à l'insuffisance des moyens humains et financiers. En effet, malgré les évolutions intervenues au cours des années récentes pour mieux définir leurs missions, les SUMPPS souffrent d'un manque chronique de moyens financiers ainsi que de la précarité d'une partie de leurs personnels, mais

---

19. Rapport d'information n° 221 (2012-2013) de M. Kerdraon et M. Procaccia, Commission des affaires sociales de l'Assemblée nationale.

aussi d'une insuffisance de pilotage et d'harmonisation des pratiques.

Pour des raisons identiques à celles évoquées pour la santé scolaire, le pilotage des SUMPPS sera confié aux départements. Leur action doit s'insérer dans une politique globale de promotion de santé rénovée à destination des étudiants.

La santé au travail

Avec la loi du 11 octobre 1946 naît la médecine du travail. Depuis, plusieurs réformes ont fait évoluer son organisation et son fonctionnement. Avec la réforme de 2004, la médecine du travail devient *service de santé au travail*, en application des engagements européens de la France de faire évoluer la médecine du travail vers une culture de la promotion de la santé en milieu de travail. Depuis, d'autres réformes ont vu le jour (2011, 2016) sans toutefois répondre aux besoins d'évolution de ces services.

Parmi les principales thématiques qui s'y rattachent figurent : l'allongement de la durée de vie au travail et les questions liées à la pénibilité, ainsi qu'au maintien du salarié en bonne santé jusqu'à un âge plus avancé. Mais aussi : le développement des *troubles musculo-squelettiques* (TMS) ; l'apparition d'une nouvelle catégorie de risques et de pathologies liés au travail, les *risques psychosociaux*, difficiles à cerner et à mesurer, parfois même à admettre dans leur principe. Il en est de même des risques émergents liés aux nouvelles technologies : nanotechnologies, risques chimiques de toute nature, et de l'évolution des modes d'organisation du travail comme l'auto-entreprenariat.

Les Services de santé au travail se composent de deux grandes catégories d'acteurs :

- les *Services autonomes*, intégrés à l'entreprise : autorisés pour les établissements dont l'effectif dépasse 500 salariés, obligatoires au-dessus d'un effectif de 2200 salariés. Ils prennent en charge 1,5 million de salariés des grandes entreprises (8 % des salariés du secteur privé) ;

- le réseau des *Services de santé au travail interentreprises*[20], qui couvre l'intégralité du pays et s'adresse à l'ensemble du reste des entreprises de droit privé (hors secteur agricole), tout particulièrement les TPE/PME, parents pauvres de la prévention (15 millions de salariés suivis, 7,4 millions de visites médicales annuelles, 16000 collaborateurs).

---

20. Un Service de Santé au Travail Interentreprises, ou SSTI, est une association d'employeurs qui mutualisent des moyens pour préserver la santé des salariés, dans le cadre de la réglementation en vigueur. Régie par la loi de 1901, il s'agit d'une association à but non lucratif. Sa gouvernance est assurée par un conseil d'administration et une Commission de contrôle, où siègent employeurs et salariés du territoire.

Un peu à l'image du médecin traitant pour le particulier, les SSTI pourraient être positionnés en véritables interfaces entre les entreprises, leurs collaborateurs et l'ensemble des acteurs du système de santé. Les Services de santé au travail seraient ainsi investis d'une mission globale de pilotage de la prévention au travail, incluant les prestations amont-aval de la chaîne : analyse des risques sur le lieu de travail, conseils de prévention, suivi de santé des salariés, suivi des expositions professionnelles et veille sanitaire, orientation vers les acteurs du système de santé, maintien en emploi.

La zone de compétences des Services de santé au travail sera élargie à deux niveaux :

- leur champ d'intervention : étendre la prise en charge aux chefs d'entreprise, aux auto-entrepreneurs, aux travailleurs indépendants, une partie des salariés de la fonction publique, ainsi que les demandeurs d'emploi (population fragilisée et mal suivie) ;

- le périmètre de leur mission : pris en compte des thématiques liées à la prévention en santé publique, en positionnant les SSTI comme un maillon à part entière du système de santé ; prise en compte du bien-être et de la qualité de vie au travail dont les effets sur la productivité des entreprises ne sont plus à démontrer.

La gouvernance actuelle des SSTI par le ministère du Travail (Direction régionale des entreprises, de la concurrence, de la consommation, du travail et de l'emploi (DIRECCTE)) se traduit par une lourdeur bureaucratique et un manque d'élan pour faire de la santé au travail une priorité dans les entreprises. Il faut inverser l'approche actuelle de la tutelle fondée sur le contrôle tatillon des moyens par l'intermédiaire d'une politique d'agrément au profit d'une vision globale et stratégique. Cette dernière comprendra une certification nationale des services, une contractualisation au niveau national autour d'objectifs de santé publique et leur évaluation et sur une souplesse d'organisation de la profession pour la rendre plus attractive.

Si l'État doit rester le régulateur via les Agences régionales de santé publique, il est souhaitable de distinguer l'évaluateur de l'opérateur public. Le département pilotera les SSTI, dans le respect de l'indépendance des opérateurs. Le département devra s'assurer que chaque bénéficiaire potentiel dispose d'un accès à un SSTI et que ces derniers possèdent des moyens suffisants. Il délivrera l'agrément tous les cinq ans.

Le pilotage des SSTI par les départements, plutôt que par l'État, vise à garantir une certaine *autonomie* à ces structures. Elles sont financées directement par les cotisations des entreprises et font partie d'un réseau national. Le rôle du département en santé au travail s'intégrera dans un schéma global, qui part du niveau national, sachant que les principaux bénéficiaires sont les entreprises et leurs salariés, dont les critères d'implantation correspondent rarement au découpage administratif.

La santé environnementale

En 1999, l'OMS déclarait lors de la Conférence ministérielle Santé et environnement que « *l'environnement est la clé d'une meilleure santé* ». La crise sanitaire SARS-Cov-2 est une zoonose comme 70 % des infections émergentes ces quarante dernières années. La biodiversité ne joue plus son rôle protecteur. La croissance régulière de ces nouveaux agents infectieux provient, selon le Programme des Nations Unies pour l'environnement (PNUE), d'un problème environnemental (altération des habitats forestiers, intensification de l'agriculture).

Le concept *one health*, en français *une seule santé*, est mis en avant depuis le début des années 2000 avec la prise de conscience des liens étroits entre la santé humaine, celle des animaux et l'état écologique global. Il consiste à prendre en compte tous les facteurs d'émergence des maladies. Ce concept sera intégré dans l'élaboration de la stratégie nationale de santé et le département en sera le principal opérateur.

Ainsi, le département doit intervenir, en lien avec les communes, pour prévenir tout problème de santé lié à la qualité de l'eau, de l'air, du sol, mais aussi pour protéger du bruit et en limiter les effets sur la santé, et participer à la prévention des conséquences de l'insalubrité (exposition au plomb et à l'amiante...).

Le département doit être l'opérateur pivot des actions en faveur de la santé environnementale. En agissant à la fois sur l'environnement et sur le maintien en bonne santé, le département devient l'opérateur central pour diminuer les risques des crises sanitaires comme la Covid-19, dont les formes graves concernent surtout les personnes avec comorbidité. Il est soutenu par des ressources humaines, financières et logistiques des régions et de l'État, et s'appuie pour le plan opérationnel sur les territoires de santé.

3. Les régions : des collectivités stratèges et d'investissement en santé

Si l'organisation territoriale de la santé apparaît comme une réponse indispensable aux défis du nouveau modèle, la gestion de la santé globale irrigue une partie des compétences de la région. L'évolution des compétences régionales en santé vise à poursuivre les actions de décentralisation déjà engagées pour donner à la région la capacité de développer une politique de santé efficace et en cohérence avec ses compétences existantes : formation, recherche, lycées, enseignement supérieur, innovation, aménagement du territoire.

Nous définirons quatre piliers d'intervention de la région en santé :

– formation des professionnels de santé et démographie médicale ;

- gestion des équipements lourds hospitaliers et de l'innovation ;
- cogestion des établissements hospitaliers ;
- actions de santé publique.

Formation des professionnels de santé et gestion de la démographie médicale

La loi du 13 août 2004 relative aux libertés et aux responsabilités locales a transféré aux conseils régionaux la responsabilité des formations sanitaires et sociales. L'article 73 de cette loi transfère aux régions une liste précise et exhaustive des professions sanitaires entrant dans le champ de la décentralisation.

Renforcer la formation paramédicale

Face à la pénurie de professionnels de santé dans certaines professions, les régions peuvent développer des actions pour augmenter le nombre de diplômés en favorisant le nombre de places ouvertes à l'apprentissage pour la formation d'aides-soignants. La Validation des acquis de l'expérience (VAE) conduisant au diplôme d'État d'aide-soignant est aussi une voie, avec le contrat d'apprentissage, pour promouvoir et accélérer l'acquisition du diplôme.

Des moyens supplémentaires ont été alloués dans le plan de relance 2021-2023 et dans le Ségur de la Santé pour que la région adapte les quotas et les capacités de formation des différentes professions. L'État s'est engagé à compenser la totalité des coûts liés à la création de ces places supplémentaires. Sous réserve de compensations financières de l'État, la région a mission de rénover des locaux des instituts de formation.

Transférer la gestion de la formation et de la démographie médicale

Face aux difficultés croissantes de la régulation de la démographie médicale, cette mission sera confiée, en partenariat avec les responsables universitaires et autres parties prenantes (instances ordinales, Observatoire national de la démographie des professions de santé), au conseil régional. Un cahier des charges national viendra encadrer cette décentralisation, comme pour la formation paramédicale. Après l'échec de l'État des dernières décennies dans la gestion de la démographie médicale, conduisant à un fort développement des déserts médicaux d'une part et pour aller au bout du mouvement de décentralisation initié en 2004 avec, notamment, les formations paramédicales d'autre part, cette évolution semble inéluctable.

Depuis la réforme de 2020 remplaçant le numérus clausus par un numerus appertus, la région participe à l'élaboration des objectifs nationaux pluriannuels de professionnels de santé à former. Cette régionalisation de la détermination des objectifs de ressources humaines est censée améliorer le calibrage de la future offre médicale en fonction des besoins réels.

Cette gestion de la démographie médicale, plus en adéquation avec les besoins, s'inscrit dans la logique de territorialisation proposée précédemment, qui suggère un pilotage de l'offre de santé à partir des besoins. La région aura une visibilité sur le réel besoin en offre de santé grâce à la remontée d'informations à partir de chaque territoire de santé.

Pour mener à bien cette décentralisation, il faut que la dotation budgétaire actuelle de l'État pour la formation initiale soit intégralement transférée aux régions. L'État finance aujourd'hui 47 % des dépenses annuelles de formation des professions de santé, soit environ 1,1 milliard d'euros sur un total de 2,3 milliards en 2018. L'État finance principalement les facultés assurant la formation initiale des médecins, infirmiers, pharmaciens ainsi que la première année commune des études de santé. Les régions financent déjà 40 % du budget total de la formation en santé.

Équipements lourds hospitaliers et innovation technologique

Les régions sont des collectivités d'investissement et de réflexion stratégique. La région est un bon échelon pour réfléchir à une stratégie régionale de santé (PRS) et pour décider des investissements lourds en santé (matériel médical, numérique). Ce transfert de compétences doit être encadré dans une stratégie nationale de l'investissement hospitalier.

Si une réelle autonomie dans la gestion opérationnelle des hôpitaux publics est nécessaire, la gestion régionalisée des principaux investissements grâce à une délégation de gestion de l'État à la région semble le plus adéquate. C'est ce qui se passe actuellement, avec de bons résultats, pour les lycées.

Certaines régions financent déjà des équipements médicaux, notamment dans les hôpitaux de proximité. Cette délégation à la région est donc une généralisation de ce qui se fait déjà à petite échelle. Concernant la construction des hôpitaux, du fait des coûts très élevés (de l'ordre de 120 milliards d'euros pour un hôpital de 40 000 m^2), la région y participera mais en association avec l'État.

Les plans nationaux de financement de 2007 et 2012 ont montré toutes leurs limites à cette approche nationale. Malgré un investissement de 52,3 milliards sur la période 2002-2011, l'hôpital public a connu une de ses pires crises la décennie suivante. Effets d'aubaine, phénomène de cyclisation des investissements, déséquilibre entre l'offre et la demande… Il est indispensable d'apporter une approche régionale à ces investissements.

Les régions ont des compétences dans le pilotage de l'activité économique qui inclut la recherche et l'innovation technologique, facteurs clés de succès essentiels en santé. Que ce soient les biotechnologies médicales,

les solutions numériques et les dispositifs médicaux, il existe des clusters et des pôles de compétitivité soutenus par les régions. Par exemple, la pertinence de la télémédecine comme outil de facilitation à l'accès aux soins a été renforcée par la crise sanitaire SARS-Cov-2. Près d'un Français sur 5 (18 %) et plus de 7 médecins sur 10 (71 %) y ont eu recours. Le déploiement de ces solutions (téléconsultation, télé-expertise, télésurveillance, téléassistance) sera de la responsabilité des régions. De façon générale, la région aura pour mission le développement des volets numériques de e-santé.

Le conseil régional, en coordination avec la préfecture de région, sera chargé de renforcer la couverture du très haut débit (THD) de tous les territoires. Le raccordement au THD est capital pour répondre aux besoins d'aménagement numérique des habitants et des entreprises. C'est un facteur de compétitivité pour une région et d'attractivité pour les professionnels de santé.

Gestion régionale des hôpitaux et autonomie renforcée

La région aura la coresponsabilité du pilotage des hôpitaux publics composés de centres hospitaliers et de centres hospitaliers régionaux (qui peuvent être universitaires). L'autonomie de la gouvernance de ces hôpitaux sera renforcée, notamment avec une intégration de l'hôpital dans son territoire de santé et une coordination avec les autres acteurs. Le conseil régional participera à la gouvernance de ces hôpitaux au sein du conseil d'administration (qui remplacera le conseil de surveillance actuel).

Les coopérations existantes entre centres hospitaliers, comme le réseau HUGO dans le Grand Ouest, sont à généraliser, notamment au niveau régional. Si le nombre de CHU est à laisser au libre choix des régions en fonction des contextes et besoins, la région doit favoriser la mise en réseau des centres hospitaliers. Nous recommandons le développement de Départements hospitalo-universitaires (DHU), qui permettent de piloter régionalement l'offre de certaines disciplines pour éviter pénurie ou redondance. La gestion des centres de greffe à l'échelle régionale est un exemple parmi d'autres. Ces DHU seront pilotés par un médecin associé à un administratif.

La région contribuera également à l'optimisation des processus hospitaliers pour une meilleure gestion financière et une sécurité optimale des flux (humains, matériels, données), des activités et des infrastructures. La région recevra par délégation les financements prévus par le Ségur de la Santé pour accompagner les hôpitaux dans leurs projets de modernisation.

La transformation des hôpitaux vers la numérisation (hôpital 4.0) et vers une ouverture sur le territoire sera un enjeu déterminant dans les prochaines années (70 millions de m^2 de bâtiment de santé sont à transformer). Le développement d'hôtels hospitaliers sera aussi à encourager par les régions, afin d'étendre les capacités de chirurgie ambulatoire à tous les habitants et l'accompagnement de proches lors d'un séjour hospitalier.

L'État gardera un rôle de contrôle a posteriori sur l'équité de traitement des populations entre les régions sur les missions déléguées aux régions en santé.

La région, stratège de santé publique en partenariat avec l'État

La région sera positionnée dans le nouveau modèle de santé comme une collectivité stratège et financeur, en partenariat avec l'État, dans la prévention et la promotion de la santé. Sur le plan opérationnel, la région dispose déjà de compétences dans des domaines tels que l'éducation, les transports, les infrastructures, l'innovation technologique, les infrastructures sportives, l'environnement, qui vont directement impacter les déterminants de santé de la population et la qualité de vie des citoyens en général.

L'aménagement des territoires et la transition écologique

En tant que chef de file de l'aménagement et du développement durable des territoires, la région dispose de multiples leviers pour offrir à ses habitants un environnement sain et un accès à des services performants.

Ce cadre de vie attractif doit aussi bénéficier aux professionnels de santé et faciliter leur implantation.

L'objectif des régions de généraliser un aménagement durable des territoires intègre la promotion de la santé et le bien-être des citoyens. Les choix d'aménagement, tels que les offres de mobilité en milieu rural, impactent la santé psychologique des habitants.

Pour réduire les inégalités territoriales, la région favorisera un maillage équilibré des équipements et aménagements sur l'ensemble des territoires, notamment à travers des soutiens aux investissements des collectivités.

Certaines régions, comme la région Grand Est, ont établi un pacte territorial pour un accompagnement sur mesure des territoires. Cette même région a défini une feuille de route Santé pour la période 2021-2027[21]. Nous proposons que cette feuille de route soit généralisée à l'ensemble des régions et détermine des objectifs régionaux de santé en phase avec la stratégie nationale de santé publique et serve de base à l'évaluation des performances sanitaires des régions.

---

21. Feuille de route santé 2021-2027 – L'ambition d'une meilleure qualité de vie dans le Grand Est – Conseil Régional Grand-Est – décembre 2020.

IV.
Un rôle accru de l'Europe

Les compétences juridiques de l'Union européenne en matière de santé sont actuellement limitées. Il est discuté actuellement au sein de la Commission un renforcement de l'Europe de la santé, surtout en réaction à la crise sanitaire Covid-19. Voyons ce que pourrait être l'Europe de la Santé dans le futur.

Une compétence d'appui des États

Actuellement, l'Union européenne dispose essentiellement d'une compétence d'appui, qui prévoit des actions de coordination et de coopération pour protéger et améliorer la santé des citoyens européens, soutenir la modernisation des infrastructures de santé, améliorer l'efficacité des systèmes de santé européens et mener des projets de recherche.

Plusieurs propositions de la Commission européenne sont en cours de discussion. Ainsi, une proposition de règlement pour faire face aux menaces transfrontalières graves pour la santé et un renforcement du mandat et des ressources du Centre européen de prévention et contrôle des maladies transmissibles (ECDC) et de l'Agence européenne des médicaments (EMA).

La Commission propose également la création, en 2023, d'une Autorité européenne de préparation et d'intervention en cas d'urgence sanitaire (HERA) contre les menaces transfrontalières (chimiques, biologiques, radiologiques), épidémies et maladies émergentes, sur le modèle de la Barda américaine (proposition attendue fin 2021). Une stratégie pharmaceutique visant à garantir, au-delà des crises un approvisionnement régulier en médicaments et dispositifs médicaux, est en cours de réflexion.

Enfin, certains fonds européens visant à soutenir des projets sanitaires sont prévus ou déjà en place : programme d'action communautaire dans le domaine de la santé, programme de recherche Horizon Europe, fonds de cohésion, Fonds européen pour les investissements stratégiques.

Un cadre et une vision pour l'Europe de la santé

L'Europe de la santé en préparation est constituée surtout d'outils techniques qui viennent en appui des

États. Ce sera une première étape qui se fera à périmètre constant des compétences. En revanche, une réflexion plus large et prospective de l'Europe de la santé de demain est indispensable pour potentialiser cette union à 27 en matière de santé dans l'intérêt de l'Europe et de ses États membres.

Le nouveau modèle de santé proposé ici ouvre la voie à un étage européen dans la santé de demain. La réflexion sur l'Europe de la santé doit être guidée, d'une part, par ce que l'Europe de la santé peut apporter de nouveau, et d'autre part, par ce qui est mieux réalisé à l'échelle européenne qu'à celle des États (principe de subsidiarité).

La nécessité de construire l'Europe de la santé a d'abord pour origine le changement radical de l'environnement des systèmes de santé de l'ensemble des pays de l'Union européenne depuis le début des années 2000. L'approche de la santé dans la réflexion européenne doit être celle que nous avons eue dans notre réflexion, i.e. celle de la santé globale, d'une santé source de réduction des inégalités sociales, de prospérité économique, de souveraineté sanitaire, de puissance géopolitique (*soft power*), et d'innovations technologiques.

La construction de l'Europe de la santé devra se penser en harmonie et en appui de la transformation des systèmes nationaux de santé. Plus que la réponse aux crises sanitaires, dont l'engouement pourrait décroître avec un retour aux temps normaux, l'Europe de la santé doit être au service du progrès de la condition humaine. Il s'agit donc de construire un programme européen de santé publique pour y répondre. Cette révolution culturelle est à placer au cœur de la construction de l'Europe de la santé. C'est une révolution, une étape à réussir pour chaque État membre. L'Europe a sa place chaque fois qu'il faut combler les espaces vides laissés par les politiques nationales.

L'Europe de la santé devra se bâtir sur les fondamentaux de la réussite en santé publique : recherche d'excellence, programmes de formation de haut niveau, guidelines pour lutter contre les principaux fléaux, site internet d'information grand public… Attention au risque de créer une technostructure sanitaire bureaucratique à la française, avec l'Ecdc et Hera, qui sont importés des États-Unis, un État fédéral composé de 50 États fédérés ! Même aux États-Unis, la Barda n'est qu'un bureau de département de la santé, pas une agence de plus. L'Hera pourrait être un bureau du Commissaire à la santé.

Tout en partant du principe que les États resteront souverains dans leur politique de santé, il peut être mis en place des actions de mutualisation à plusieurs dimensions : des savoirs, des meilleures pratiques et des innovations technologiques, par exemple. La création d'un Erasmus de la santé, d'une grande université de recherche et de formation de santé publique, d'un pôle de recherche et d'application sur le digital en santé, de clusters de biotechnologies, peut être mise en place à périmètre constant des compétences européennes.

La réflexion sur la souveraineté sanitaire restera probablement et durablement une question nationale. Cependant, la souveraineté sanitaire de l'Europe renforcera la souveraineté sanitaire des États membres. Il en va probablement de l'avenir de la construction de l'Europe de faire de ce bien commun individuel et collectif un bien commun européen. Le sentiment d'appartenance à l'Europe des peuples en sera sensiblement renforcé.

II
Pour un service public territorial de santé

I.
Instaurer un contrat thérapeutique pour les patients chroniques

L'expansion des pathologies chroniques en France et dans l'ensemble des pays développés est un véritable fléau sanitaire, économique et social. En 2019, 13,4 millions de personnes bénéficiaient du dispositif des affections de longue durée (20 % de la population), contre 10,1 millions de personnes en 2009 (15,5 % de la population), soit une hausse de 32 % en dix ans. Ainsi, la prévalence des patients en affections de longue durée (ALD) augmente plus de 10 fois plus vite que la population française (+ 3,2 % vs + 0,3 % par an). La hausse de facteurs de risques tels que l'obésité et la sédentarité sont deux déterminants clés de cette hausse.

Mis en place dès la création de la Sécurité sociale en 1945, le dispositif des ALD est un pilier de la solidarité du système de santé français. Il permet la prise en charge à 100 % des patients ayant une maladie chronique comportant un traitement prolongé et une thérapeutique très coûteuse. En 2018, les dépenses des pathologies et des traitements chroniques ont représenté 61 % de la dépense remboursée par l'Assurance maladie, soit 102 milliards d'euros sur un total de 167 milliards. 40 % de cette dépense est hospitalière. La hausse annuelle de ces dépenses est de 3,8 % contre 0,8 % pour les dépenses non liées à une ALD. Ainsi, 86 % de la hausse annuelle des dépenses de soins remboursés correspond aux traitements chroniques.

C'est un *fléau social* car plusieurs des grandes affections chroniques connaissent un gradient social marqué. Globalement, 60 % des inégalités sociales de santé sont portées par les cancers (pour 40 %) et les maladies cardio-vasculaires qui sont les deux principales causes de décès. Face à cette situation, la mise en place d'un dispositif visant à renforcer la qualité de la prise en charge de ces affections de longue durée tout en améliorant la maîtrise des dépenses est indispensable. Le remboursement à 100 % de ces dépenses doit perdurer, tout en améliorant l'efficacité de la dépense au bénéfice des plus défavorisés pour réduire les inégalités sociales. La prise en charge financière doit être complétée par un accompagnement de type *éducation à la santé* afin d'agir sur les déterminants de santé de ces publics.

Renforcer l'alliance thérapeutique

Ce contrat thérapeutique est un outil concret de l'instauration de *l'autonomie solidaire*. Nous avons vu auparavant son implantation sur la santé globale, nous le voyons ici au cœur du soin. Ce contrat sera conclu entre le patient, le coordinateur médical et l'assurance santé au début de la prise en charge de chaque Affection de longue durée. Il s'inspire de ce qui a été installé dans le parcours de soins en oncologie au cours des plans cancer qui ont conduit, entre autres, à l'instauration des plans personnalisés de santé et des réunions de concertation pluridisciplinaires. Ce contrat est une formalisation contractuelle des outils en place en oncologie et son extension à l'ensemble des affections de longue durée, tout en les adaptant à leurs spécificités.

Le contrat comprendra le plan personnalisé de santé, les droits et devoirs des patients, les informations essentielles sur la pathologie et les objectifs à atteindre au cours de la prise en charge. Le patient demeurera libre du choix de son référent médical pour la coordination mais la contractualisation avec l'assurance santé et le coordinateur choisi sera obligatoire pour obtenir le remboursement à 100 %. Ce contrat thérapeutique visera à concevoir un écosystème humain, scientifique et technologique le mieux adapté possible à la problématique du patient chronique.

Il permettra d'énoncer clairement les droits et devoirs du patient et les principaux enjeux de sa prise en charge. Il garantira aussi que les moyens proposés soient en adéquation avec les besoins et les capacités des patients. Il conduira à une personnalisation plus poussée de la prise en charge. Il donnera plus de pouvoir, de capacités aux patients pour lutter contre la maladie et laissera sa juste place à l'éducation thérapeutique, par l'intermédiaire d'un intervenant en éducation thérapeutique dont le rôle sera défini dans le contrat.

Le contrat prévoira également un accompagnement «*promotion de la santé*» basé sur l'éducation à la santé pour donner au patient les moyens de faire des choix responsables et favorables à sa santé. En réduisant l'asymétrie d'information entre le soignant et le soigné, il améliorera sensiblement la relation d'agence très imparfaite qui existe naturellement en santé entre l'acteur principal (le patient), un individu souvent mal informé, et l'agent (le médecin), qui détient l'information.

L'équipe de coordination sera constituée par le référent médical, qui sera généralement le médecin traitant ou un médecin spécialiste en fonction du contexte. Elle sera composée des professionnels de santé nécessaires à la prise en charge, avec systématiquement la présence d'un infirmier de coordination, d'un pharmacien et d'autres personnels en fonction des besoins. Un référent digital sera aussi partie prenante de l'équipe afin d'assurer la compilation de toutes les données administratives et médicales et pour participer à l'évaluation des résultats. Ce référent digital et administratif sera en étroite relation à la fois avec l'équipe médicale et l'assurance santé.

L'utilisation massive du numérique sera indispensable pour la bonne gestion des parcours de soins. La saisie des données, le partage de l'information entre les professionnels de santé et l'accès à cette information par le patient sont des facteurs clés de succès. Les outils connectés utilisés par le patient et les soignants serviront aussi à enrichir la base de données. Les dispositifs actuels de coordination (Maia, Paerpa, Clic, Prado, réseaux de soins) seront fusionnés au sein des Plateformes territoriales d'appui (PTA). Avec la mise en place des territoires de santé uniques et communs à tous les professionnels, cette fusion simplifiera le paysage institutionnel pour les professionnels comme pour les patients.

La mise en place de ce contrat thérapeutique conduira à la réalisation annuelle obligatoire d'une évaluation multidimensionnelle des parcours de soins. Une réunion de concertation pluridisciplinaire, intégrant l'ensemble des acteurs, sera dédiée à cette évaluation. Outre les données médicales et économiques, l'évaluation de la satisfaction du patient devra être considérée comme un indicateur important. Le système actuel réalise un contrôle administratif sans prise en compte de cette satisfaction. Le ressenti souvent évoqué par les personnes est qu'« *on s'occupe plus souvent des papiers que des patients* ».

Le rôle des associations de patients sera également déterminant. Comme en oncologie où les nombreuses associations intégrées dans la Ligue contre le cancer jouent un rôle important dans l'accompagnement du parcours, ce devra être le cas pour toutes les affections de longue durée. Lorsque c'est nécessaire, un patient expert pourrait être intégré dans les étapes clés du parcours de soin.

Ces associations seront sollicitées pour accompagner les situations complexes, comme celles des patients non compliants ou des patients sans médecin traitant. Certains patients ne viennent pas aux rendez-vous médicaux et sont hostiles à certaines prises en charge. Les expériences d'autres patients sont précieuses pour lever certaines perceptions et appréhensions.

Le succès de ce contrat thérapeutique tiendra aussi à l'installation d'un financement à la hauteur des enjeux. Les missions de coordination entre les acteurs seront rémunérées selon un forfait annuel estimé en fonction du cahier des charges établi. Un investissement conséquent dans l'équipement numérique sera destiné à ce que la coordination ville-hôpital-médico-social soit fluidifiée. En regard de ces coûts, il faut évaluer les économies qui seront générées sur le premier poste de dépenses de l'assurance santé. Chaque point de productivité gagné représente plus d'un milliard d'euros d'économie de dépenses d'assurance santé.

II.
L'hôpital et son rôle d'excellence

Le modèle actuel de santé en France s'est véritablement structuré à partir des ordonnances Debré de 1958, qui ont fait naître les centres hospitalo-universitaires et le temps plein hospitalier. «*Les CHU sont des centres de soins, où, dans le respect des malades, sont organisés les enseignements publics médical et postuniversitaire, ainsi que la recherche médicale et les enseignements paramédicaux. Ils sont aménagés conformément à la mission ainsi définie*»[22].

L'hôpital est ainsi devenu le carrefour incontournable des soins, de l'enseignement et de la recherche. La loi hospitalière de 1970 a créé le service public hospitalier et inscrit dans la loi que l'hôpital est le cœur d'un modèle tenu de respecter les trois principes : continuité,

22. Ordonnance n° 58-1373 du 30/12/1958, article 2.

mutabilité, et égalité et neutralité (loi Louis Rolland de 1934 sur le service public). Le CHU a porté l'excellence de la médecine française dans la deuxième moitié du siècle dernier. Il a donné accès à toute la population à une médecine de recours hospitalier de réputation mondiale.

Cependant, la triple transition démographique, épidémiologique et technologique et l'absence de restructuration hospitalière à la hauteur de ce changement ont plongé l'hôpital public dans une crise financière, sociale et managériale. Avec une dette de plus de 30 milliards d'euros en 2019 contre 7 milliards en 2007, un tiers des établissements en déficit jugé excessif, la situation financière très dégradée du secteur pèse sur le niveau d'investissements, passé de 6 milliards annuels début des années 2010 à 4 milliards en 2018. Les 8,1 milliards de revalorisation salariale décidée en juillet 2020 dans le Ségur ne sont à ce stade pas financés, ce qui va creuser d'autant le déficit financier des hôpitaux. La reprise de 10 milliards de la dette décidée en 2020 va vite être remplacée par un endettement incontrôlé.

L'hôpital public traverse également une crise d'attractivité des personnels soignants, due notamment à la dégradation des conditions de travail, des carrières professionnelles en inadéquation avec les attentes des nouvelles générations et un management marqué par une bureaucratie écrasante. C'est un vrai désenchantement, aggravé par une mauvaise allocation des ressources. Ainsi, l'hôpital public dispose de 35 % de son personnel pour l'administration contre 24 % en Allemagne. De façon générale, l'excès de dépenses improductives se traduit par une sous-valorisation des actifs essentiels de tout établissement et système de santé, qui sont les soignants et les équipements de haute technologie.

Ce malaise social fait suite aussi à une crise de la gouvernance. La loi HPST de 2009 a confié tout pouvoir à l'exécutif administratif et fait des personnels soignants et des autres parties prenantes des acteurs à voix consultative sans pouvoir. Cette évolution s'est ressentie brutalement à tous les niveaux de la hiérarchie hospitalière. Le réel pouvoir est concentré au sommet de la hiérarchie, même en dehors de l'hôpital pour une bonne part. Les indicateurs comptables sont devenus la principale feuille de route managériale.

La réflexion générale sur la refonte du secteur hospitalier portera sur l'ensemble des acteurs, même si les aspects managériaux et de gouvernance seront naturellement concentrés sur le secteur public. En 2019, sur les 3 089 établissements de santé qui assurent le diagnostic, la surveillance et le traitement des malades, le secteur public représente 61 % de la capacité d'accueil en lits et 57 % en places. Les dépenses hospitalières totales en 2019 étaient de 97 milliards d'euros (soit 47 % des dépenses totales de soins), dont 75 milliards pour l'hôpital public.

1. Rénover la gouvernance et le management hospitalier

Le nouveau modèle implique un hôpital intégré dans son territoire, dont son personnel a la coresponsabilité de la gestion des besoins de santé de la population avec les autres professionnels de santé (salariés et libéraux). Pour cela, l'hôpital disposera d'une forte autonomie de gestion et d'organisation. Le travail en équipes pluriprofessionnelles avec le médico-social s'imposera parmi d'autres organisations. L'hôpital moderne sera ouvert sur la ville et le médico-social, la nouvelle gouvernance devra faire vivre cette ouverture.

Une nouvelle gouvernance interne hospitalière

La gouvernance actuelle de l'hôpital se compose d'un conseil de surveillance et d'un directoire depuis la loi de 2009. Le conseil de surveillance a été pensé pour être largement représentatif avec ses trois collèges : collège des élus, collège des représentants des personnels médicaux et non médicaux et collège des personnalités qualifiées. En réalité, c'est davantage une chambre d'enregistrement des décisions du directoire.

Le pouvoir du directoire se concentre dans les mains du seul directeur de l'hôpital. S'il est composé d'une majorité de représentants du personnel médical, pharmaceutique, maïeutique et odontologique, c'est le directeur qui les nomme et met fin à leur mandat.

L'esprit de la transformation de la gouvernance de 2009 était celui de « *l'hôpital entreprise* », avec un seul chef et tout le pouvoir à l'administration, sans contre-pouvoir. Des techniques comme le *lean management*, très utilisées dans l'économie industrielle, ont été largement diffusées et ont montré leurs limites dans l'environnement hospitalier.

La nouvelle gouvernance instaurera d'abord un conseil d'administration à la place du conseil de surveillance, qui disposera d'un véritable pouvoir de décision sur la stratégie et la gestion de l'établissement. Il symbolisera le renforcement de la participation des soignants dans la direction et le développement d'une vraie cogestion. Son contenu sera proche de celui du conseil de surveillance actuel, à l'exception de l'intégration d'élus régionaux qui doivent transmettre l'approche régionale voulue dans la réforme pour l'hôpital.

La direction exécutive de l'hôpital réintégrera les enjeux médicaux et humains de l'hôpital dans le management, tout en tenant compte des contraintes économiques d'un établissement qui visent à équilibrer ses comptes tout en lui donnant des capacités d'investissement suffisantes pour conserver un haut niveau de qualité et d'attractivité.

Le nouveau modèle de direction s'inspire de ce qui existe dans les établissements de santé privés d'intérêt collectif dans lesquels un médecin, assisté d'un directeur administratif, a la capacité de diriger des établissements. Cela se fait avec succès pour les centres de lutte contre le cancer, dans le réseau Unicancer, par exemple.

Une telle évolution impose plusieurs transformations dans la formation, la sélection du personnel d'encadrement et le mode de désignation des responsables. D'abord, il faut supprimer le monopole de fait de l'École des hautes études en santé publique dans la formation et le recrutement des directeurs d'hôpitaux. Une ouverture plus grande aux sciences sociales et managériales, une plus grande diversité des profils sont nécessaires pour prendre en compte la globalité des enjeux de l'environnement hospitalier contemporain.

Les *soft skills* (compétences douces), utiles à la bonne gestion des établissements, devront être intégrées lors de la formation initiale pour les professionnels de santé intéressés à une carrière managériale. C'est le cas de la psychosociologie des organisations, des enseignements comportementaux, du rapport entre patients et système de santé et de l'économie de la santé. Le but est de favoriser et professionnaliser l'évolution des carrières médicales et paramédicales vers des postes managériaux.

Ensuite, la désignation des responsables aux différents postes de management de l'hôpital sera le résultat d'un vote interne des personnels concernés, selon un vrai processus démocratique. C'est le cas actuellement pour le président de la Commission médicale d'établissement. Ce le sera aussi pour les chefs de services et les chefs de pôles. Le directeur de l'établissement ne doit pas pouvoir refuser des candidats élus et une fiche de poste préalable doit être communiquée dans l'établissement pour garantir des élections ouvertes.

Restructurer les pôles d'activité à partir d'une logique médicale

Depuis les années 2000, les établissements de santé sont organisés en pôles d'activités[23], qui se substituent peu à peu aux services et aux départements pour certaines fonctions, comme la rédaction puis la réalisation du projet médical. En pratique, un pôle est un regroupement de services et unités fonctionnels ayant des activités de soins, de prévention, d'enseignement et de recherche communes ou complémentaires. Ils doivent être définis selon « *une logique de simplification et de déconcentration* ».

Le pôle s'appuie sur des objectifs d'activité et de qualité, fondés sur un projet partagé entre les équipes et déclinés dans le cadre d'un contrat de pôle conclu avec la direction. La création d'un pôle doit répondre à une logique clinique pertinente et permettre d'atteindre une masse critique de moyens et d'optimiser l'utilisation des ressources.

La logique administrative et comptable a supplanté la logique médicale. Ceci a dénaturé le projet et terni l'image des pôles au sein de la communauté médicale. Plutôt que de jeter le bébé et l'eau du bain, la constitution des pôles selon l'esprit originel, tout en allant plus loin dans la transversalité avec la ville, est à réaliser. Ils seront ainsi organisés à l'échelle du territoire de santé,

23. Ordonnance n° 2005-406 du 2 mai 2005 simplifiant le régime juridique des établissements de santé.

incluant l'ensemble de l'offre sanitaire nécessaire. Le pôle permettra de disposer de ressources conduisant à la simplification organisationnelle pour les patients et les soignants, mais aussi à l'excellence clinique.

Il est fondamental de décentraliser la responsabilité médico-soignante et financière à l'échelle d'un pôle. Sur la base du projet médico-scientifique proposé par chaque pôle et validé par l'établissement, le chef de pôle et son binôme cadre-soignant disposeront d'une pleine autonomie et d'une responsabilité des résultats financiers et médicaux. Les outils existants – projet de pôle et contrat de pôle – seront utilisés pour garantir une autonomie de gestion efficace.

Les pôles et les services devront avoir des rôles différenciés. Pour la gestion quotidienne des ressources humaines, l'échelon du service est probablement préférable, même s'il doit prendre en compte les objectifs du projet médical du pôle. Le chef de pôle médical doit être désigné démocratiquement par la communauté médicale et paramédicale de l'hôpital et approuvé par la direction. Aujourd'hui, le directeur de la Commission médicale d'établissement propose au directeur de l'hôpital le nom des chefs des pôles, et le directeur décide. L'administrateur du pôle, nommé par le directeur de l'hôpital, est un co-manager de pôle.

D'une organisation pyramidale, technocratique, mécanique, l'hôpital évoluera vers une organisation horizontale, fondée sur l'auto-gouvernance et l'autonomie des acteurs, en lien avec les autres professionnels du territoire.

Les performances sanitaires des pôles – basées sur l'amélioration de l'état de santé de la population considérée sur le territoire donné et sur la qualité des prises en charge – et médico-économiques seront régulièrement évaluées. Cette évaluation inclut l'évaluation du chef de pôle par la communauté médicale sous la forme d'une évaluation à 360°, tous les quatre ans, qui permet d'apprécier la relation du chef de pôle avec les autres soignants.

2. Rénover la gestion des carrières hospitalières

Selon l'organisme de gestion des carrières médicales à l'hôpital, le taux de vacance statutaire des praticiens hospitaliers à temps plein sur l'ensemble des établissements publics a atteint un record historique de 27,4 % en 2017 (+ 0,9 point vs 2016). Ce taux atteint 42 % en radiologie, 40 % en ophtalmologie et 38 % en oncologie médicale. La crise sanitaire a aggravé ce phénomène en élevant le niveau de pénibilité du travail hospitalier pour tous les professionnels. Ainsi, près de 40 % des infirmiers déclarent vouloir changer de métier en 2020, selon une consultation réalisée par l'Ordre des infirmiers en octobre 2020. La situation risque de s'aggraver à la sortie de la crise Covid-19, suite à l'épuisement psychologique des soignants.

L'hôpital public souffre d'une perte d'attractivité qui est multifactorielle et qui menace sa pérennité si des mesures structurelles sur la gestion des carrières professionnelles ne sont pas prises. Cette refonte des carrières hospitalières doit concerner l'ensemble du personnel hospitalier. Nous aborderons ici les carrières médicales et paramédicales, en démarrant par le personnel hospitalo-universitaire.

Refondre les ordonnances Debré

Les ordonnances de 1958 ont créé le statut de médecins hospitalo-universitaires en fusionnant deux hiérarchies : l'une universitaire (docteurs, assistants, agrégés et professeurs) et l'autre hospitalière (externes, internes, chefs de clinique, chefs de service). Ce personnel hospitalo-universitaire est défini en 1958 comme du personnel médical et scientifique exerçant à plein temps des fonctions universitaires et hospitalières. En 2016, on dénombrait 5 666 postes de personnels hospitalo-universitaires titulaires, dont 4 020 professeurs des universités et 1 646 maîtres de conférence des universités.

Au niveau individuel, l'exercice en temps réel des trois valences – soins, enseignement et recherche – est devenu illusoire aujourd'hui. Une infime minorité du personnel universitaire est en situation d'exercer convenablement les trois missions simultanément. La trivalence est devenue l'exception, et non plus la règle. La réalité pratique est celle d'une monovalence ou d'une bivalence. Certains hospitalo-universitaires publient peu ou pas du tout, mais se consacrent aux soins et à l'enseignement. D'autres ne font quasiment que de la recherche et presque plus de soins ni d'enseignement.

Au-delà de ces trois missions, les professeurs d'université ont aussi souvent à assurer le management des services ou des pôles, des fonctions de représentation dans l'établissement et/ou l'université ainsi que des missions d'expertise auprès d'institutions publiques, impliquant la participation à des groupes de travail externes. Si cette diversité des missions et cette souplesse ont longtemps été présentées comme positives, elles ne sont plus viables dans le monde contemporain. En effet, la complexité croissante des missions de soins et de recherche oblige les praticiens à se concentrer sur deux missions au maximum sur une période donnée, afin de les réaliser dans de bonnes conditions. À l'issue de cette période, il doit être possible de renouveler ces deux valences ou de changer de valences.

Nous proposons donc une transformation du statut de professeur d'université-praticien hospitalier pour garantir la qualité, l'attractivité et la clarté des missions. Elle conduit à mettre en place trois niveaux de statut.

Niveau 1 : Formation complémentaire à l'hôpital

C'est le statut actuel de chef de clinique d'une durée de deux ans renouvelable pour un an, au maximum deux fois. Au terme du clinicat, le médecin hospitalier choisit parmi deux voies possibles : une mono-spécialisation (valence unique) ou une multi-spécialisation (multi valences).

Niveau 2 : Praticien hospitalier avec monovalence

Le médecin hospitalier choisit une carrière centrée sur les soins. Il a le libre choix de réaliser à temps plein son activité à l'hôpital ou de le partager avec la ville selon la règle des 3/2 (3 jours pleins à l'hôpital et 2 jours maximum hors de l'hôpital). Certaines spécialités hospitalières ne se prêtent pas à l'exercice privé, et certains praticiens ne souhaitent pas ou ne peuvent pas exercer dans le privé. Cette option est ouverte à ceux qui le demandent.

Ceci doit garantir la continuité des soins à l'hôpital et entraîner une régulation de la durée de l'activité hors des murs de l'hôpital, à partir des besoins de l'hôpital. L'attractivité recouvrée du poste de Praticien hospitalier réduira sensiblement les vacances actuelles de postes, ce qui compensera le temps passé à l'extérieur de l'hôpital par certains médecins.

La monovalence du médecin à l'hôpital ne signifie pas qu'il ne peut pas participer à un enseignement ou à un projet de recherche, mais il n'en a pas l'obligation. Le statut de Praticien hospitalier (PH) dans les CHU doit permettre de valoriser financièrement une activité d'enseignement, de recherche ou de participation à un projet institutionnel. Cette flexibilité offerte au statut des PH sera gérée à l'échelle du service et passera par l'intégration du projet hospitalier avec l'université dont nous avons déjà parlé.

La mobilité géographique est une nouvelle dimension à intégrer dans le statut des médecins hospitaliers. Beaucoup de praticiens font quasiment toute leur carrière dans le même établissement, ce qui devrait être l'exception plutôt que la règle. Au-delà des valences principales qui évolueront selon les contrats de mission, la mise en disponibilité de médecins sur une période déterminée pour ceux qui disposent de projets entrepreneuriaux innovants dans des secteurs à forte valeur ajoutée pour l'hôpital, comme le *big data* ou l'intelligence artificielle, sera facilitée. L'arrivée des générations ayant grandi à l'ère digitale dans le monde hospitalier devrait être une opportunité pour faire basculer l'hôpital dans cette ère (hôpital 4.0).

Niveau 3 : Praticien hospitalier universitaire avec multivalence

Le médecin hospitalier universitaire a l'obligation d'évoluer dans deux valences de son choix pour lesquelles il sera évalué : la clinique et l'enseignement, la clinique et la recherche, ou la recherche et l'enseignement. Exceptionnellement, il pourra garder la possibilité de la multivalence dans des cas particuliers où celle-ci sera justifiée. L'idée est de ne plus l'imposer à tout le personnel hospitalo-universitaire et de fixer un plancher à deux valences. La répartition des valences s'effectuera en fonction des souhaits des médecins et des besoins des services et des pôles.

Un contrat d'obligation de service, réévalué tous les cinq ans, sera conclu entre l'établissement et le Praticien hospitalier, incluant les missions à réaliser et les objectifs attendus, avec une évaluation en cours et en fin de mission. Ce contrat donnera de la flexibilité à l'employeur hôpital public comme au personnel médical hospitalier pour moduler les missions en fonction des évolutions des aspirations individuelles et des besoins des établissements et des territoires de santé. Il doit être un outil de gestion et de régulation des ressources médicales.

Ce contrat d'obligation de service intégrera aussi cette nouvelle responsabilité territoriale qui impose, de fait, une acceptation par le médecin hospitalier d'assurer des missions sur le territoire de santé de son établissement, pour remplir la mission de service public territorial. Il comprendra au maximum deux valences pour le personnel hospitalo-universitaire et permettra aux praticiens de disposer de missions extra-hospitalières, mettant fin au temps plein hospitalier pour ceux qui le souhaitent (adaptation des statuts de la fonction publique hospitalière en conséquence).

La répartition des valences, notamment celle de l'enseignement, devra tenir compte des besoins du pôle clinique. Le principe est que les deux valences relèvent de la pleine responsabilité de la personne. Si le choix est 80 % clinique et 20 % recherche pendant cinq ans, le médecin est évalué en conséquence. L'hôpital donne un statut, chaque médecin est responsable de ses missions. L'enseignement sera réalisé par du personnel dédié clairement identifié et évalué pour un enseignement d'excellence.

Cette gestion des carrières doit permettre aux médecins des hôpitaux de mieux suivre les patients, de faire en sorte que les soins ne soient pas interrompus par d'autres activités. Ce contrat pourrait contenir une évaluation de l'activité clinique moyenne par spécialité et la nécessité de respecter un engagement minimal d'activité pour les PH et les PU-PH. Les sociétés savantes de chaque spécialité seront responsables de la définition des seuils. Un système d'intéressement financier pourrait être proposé pour les praticiens qui dépassent les seuils moyens.

Cette relation contractuelle devra aussi rendre obligatoire l'évaluation des missions des médecins hospitaliers par les pairs, selon des modalités qui seront déterminées avec les parties prenantes au cours des discussions sur l'évolution statutaire.

Le contrat d'obligation de services sera évalué régulièrement par des instances qui dépendront du contenu des missions (le Conseil national des Universités pour les enseignants chercheurs, etc.). Cette évaluation par les pairs devra être liée à la progression de carrière, et donc à la rémunération. Ce sera aussi un exercice d'auto-évaluation qui permettra de réorienter les carrières et les activités.

Du fait de la féminisation importante de l'activité médicale, les établissements hospitaliers doivent pouvoir proposer plusieurs options de temps de travail dans une carrière à leur personnel (80 % au début, voire 50 % avec possibilité de repasser à 100 %, etc.). De façon générale, cette flexibilité de temps de travail accompagnera une plus grande flexibilité dans les carrières des médecins hospitaliers. Les impératifs personnels et familiaux devront être davantage pris en compte.

Réguler l'activité libérale à l'hôpital

Supprimer l'activité libérale affaiblirait l'hôpital public. Il existe une concurrence non régulée des compétences médicales entre le public et le privé. L'activité libérale est une forme de diversification de l'activité des médecins du public. En revanche, il faut améliorer les conditions d'exercice de cette activité libérale pour garantir : la transparence des tarifs et de l'activité au sein de l'hôpital, vis-à-vis de l'interne et de l'externe, pour contrôler les dérives tarifaires ; l'égalité entre tous les médecins pour l'accès au libéral, avec un libre choix respecté ; la garantie que cette activité ne dégrade pas l'accès aux soins en secteur public.

Si cet exercice libéral se réalise obligatoirement à l'hôpital pour le Praticien hospitalier de niveau 3, il sera à l'extérieur de l'hôpital pour le praticien de niveau 2. Il sera possible, sur un temps limité et selon des conditions contractuelles, de privilégier les intérêts de l'hôpital public dont dépend le praticien. La règle des 3/2 pour le PH a été évoquée précédemment. Cette autorisation de pratiquer un exercice libéral en ville pour les praticiens hospitaliers est une des passerelles utiles entre la ville et l'hôpital. Elle doit inciter des praticiens qui ne veulent plus du temps plein à l'hôpital à ne pas quitter le public mais à y rester, en bénéficiant d'une certaine flexibilité.

Redynamiser les carrières paramédicales

Pour rendre les carrières hospitalières paramédicales attractives, les facteurs les plus déterminants sont la mobilité interne, la formation continue qui permet de comprendre les enjeux et de développer de nouvelles compétences et l'accompagnement du parcours professionnel, y compris dans le secteur libéral ou au retour de celui-ci.

L'immobilité et le manque de sens sont une source de conflit psychologique. Il faut autoriser des passerelles entre les secteurs et construire des modélisations de parcours professionnels (management, expertises techniques, parcours patients). Le parcours professionnel comportera plusieurs phases et permettra de formaliser les missions transversales à des professionnels du terrain.

La carrière étant construite au cours du temps autour de cinq valences, les statuts doivent s'adapter aux différentes expertises : clinique au sein des services de soins et pédagogique de transmission de savoirs (stagiaires, jeunes embauchés, éducation thérapeutique) ; technique avec l'accès à un diplôme supérieur (Ash devient AS, AS devient IDE puis IADE, IBODE, etc.) ; parcours patient (annonce, coordination, consultation, détection des risques, éducation thérapeutique) ; transverse (douleur, hygiène, projets innovants, etc.) et managériale d'humains comme de projets.

La génération digitale se caractérise par une volonté de développer de nouveaux métiers autour des outils connectés et les PROMS (*Patient-Reported Outcome Measures*) pour faciliter les échanges lors des prises en charge de plus en plus rapides à l'hôpital et permettre une communication efficace avec le patient, tout en faisant gagner du temps aux médecins. Avec l'intelligence artificielle et le numérique, cela donnera de la valeur au CHU (gestion de la data) et rendra les carrières plus attractives.

Cette professionnalisation de la gestion des carrières paramédicales sera source de création de valeur pour le personnel paramédical et pour les patients. Le nouveau statut d'infirmières de pratiques avancées va s'étendre à de plus en plus de spécialités. Il se traduira par une montée en gamme des compétences du personnel et des apports essentiels dans la prévention et la gestion des parcours de santé.

Elle devra aussi être source d'amélioration de la qualité de vie au travail. Pour cela, deux évolutions sont nécessaires : une évolution des structures hospitalières en parallèle et une évolution des cultures dans la profession infirmière. Issue du temps des hospices régis par un principe de charité, la profession d'infirmière doit sortir d'une approche « *d'entière dévotion* » de leur personne pour les patients au détriment de leur propre qualité de vie et de leur bien-être.

3. Repenser les structures hospitalières

Le parc hospitalier français a fait l'objet de plusieurs plans d'investissement pour le moderniser. Les plans Hôpitaux 2007 et 2012 ont mobilisé 53 milliards d'euros d'investissement sur dix ans au début des années 2000. Force est de constater que cette injection massive de fonds sans réflexion stratégique préalable sur l'avenir de l'hôpital n'a pas conduit à la modernisation attendue. Une décennie plus tard, l'hôpital est en déclin.

En constante progression depuis le début des années 2000, les dépenses d'investissement des établissements publics de santé ont dépassé les 6 milliards d'euros par an en 2010 et en 2011. À partir de 2014, on observe un repli à 4,6 milliards d'euros, à 4,3 milliards d'euros en 2015 et 4,1 milliards d'euros en 2016. Le Ségur de la Santé de juillet 2020 prévoit « *un plan de nouveaux investissements de 9 milliards d'euros sur dix ans dans les établissements de santé et en ville* ». Un nouveau plan d'investissement hospitalier ne devrait s'envisager que sur la base d'une vision d'avenir réfléchie et forte de la structure hospitalière, ce qui n'a pas été le cas ni avec les plans Hôpital 2007 et 2012, ni avec le Ségur de la Santé de 2020.

Une nouvelle typologie d'hôpitaux en fonction du type d'activité réalisée

La raison d'être d'une structure hospitalière est soit de constituer un plateau technique de pointe utilisé par des professionnels spécialisés et dédiés, soit d'accueillir et de prendre en charge des personnes malades fragiles ou des personnes en convalescence nécessitant une hospitalisation.

Pour la première raison, la mobilisation d'équipements lourds, sophistiqués et d'équipes très qualifiées est justifiée par la prise en charge des urgences vitales, des opérations complexes et des phases aiguës des maladies qui ne peuvent être traitées en ville ou dans des structures plus légères. Dans le cadre d'une réflexion prospective, on peut imaginer une nouvelle typologie d'établissements hospitaliers articulée autour de trois types de structures hospitalières distinctes et indispensables pour la prise en charge de l'ensemble des besoins hospitaliers :

<u>Type 1 : La tête de réseau pour une activité d'excellence ultra-spécialisée</u>

C'est le lieu par excellence des services à fort contenu technologique, nécessitant un plateau technique hautement sophistiqué et des équipes de haut niveau scientifique. Ce n'est plus un énorme complexe de béton, mais un centre aux services hyperspécialisés pour la population d'un territoire, un centre de coordination et de services, qui diffuse son savoir et son expertise sur tout le territoire.

Les séjours y seront très coûteux du fait des interventions complexes et des services à forte valeur ajoutée. Ces centres ne proposeront que du court séjour. Le modèle médical sera probablement axé sur un modèle de spécialités choisies pour lesquelles le centre sera à la pointe de la pratique. Ce modèle de spécialités choisies sera la tendance dominante des grosses structures hospitalières, type CHU et quelques grosses cliniques, ce qui justifie leur mise en réseau au niveau régional.

Un CHU est avant tout destiné à concentrer une expertise médicale et scientifique de haut niveau, à attirer les meilleurs éléments de l'hospitalisation publique, à développer les innovations médicales de demain. C'est sa raison d'être, et il faut le recentrer sur ce cœur de mission. Dans leur activité de soins actuelle, les CHU remplissent avant tout un rôle de soins de proximité, dans une proportion de l'ordre de 80 % de son activité de soins. La réforme hospitalière doit inverser le ratio de 80/20 (soins de proximité/soins ultraspécialisés) pour tendre vers un ratio de 20/80.

Type 2 : Le centre généraliste de moyen et long séjour

Les établissements du type 2 seront centrés exclusivement sur les soins de suite et les soins de moyenne et longue durée. Ils seront conçus de manière à gérer des flux lents, et le coût moyen par jour y sera plus faible que pour les établissements des types 1 et 3. Ils ne disposeront pas de plateau technique lourd et seront le type d'établissement comportant le plus de lits.

Type 3 : L'établissement ambulatoire spécialisé

Équipé d'un plateau technique performant, sans (ou avec peu de) lit d'hospitalisation, il pourra être ouvert uniquement en journée. Centre de consultation, d'éducation thérapeutique et de chirurgie ambulatoire, un large spectre de professionnels de santé y aura accès. D'autres services tels que le transport, seront associés à ces centres. Toute l'organisation et le concept architectural seront pensés de manière à gérer des flux rapides de patients. Un système d'hôtellerie à proximité sera courant pour accueillir les familles et les patients âgés et/ou résident loin du centre.

Les missions de service public seront déployées sur les trois types d'établissements afin que chaque patient puisse en bénéficier sur son territoire. Par exemple, l'enseignement doit être intégré dans les trois types, y compris dans les établissements de type 2 pour une spécialité comme la gériatrie, qui sera largement présente dans ces centres. Ces trois types d'établissements fonctionneront en réseau à l'échelle d'un territoire et seront directement ouverts sur leur environnement proche.

Ces différents concepts coexistent souvent au sein des mêmes établissements, mais sans que leur spécificité ne soit intégrée dans leur management et dans leur gestion. Les modèles hospitaliers de demain ne seront peut-être pas aussi « épurés » que les types évoqués ci-dessus, mais ils tendront vers ces modèles d'organisation.

Renforcer l'autonomie des hôpitaux de proximité

Les hôpitaux de proximité doivent affirmer leur place et leur rôle dans le premier niveau de gradation des soins hospitaliers et de coopération avec la ville. L'ensemble des hôpitaux locaux existants obtiendront le statut d'hôpital de proximité. Les hôpitaux de proximité doivent garder une autonomie vis-à-vis des grands centres hospitaliers afin de rester maîtres de la gestion de leurs ressources humaines.

La mission de coordination avec la ville et la participation active des médecins libéraux et salariés de la ville dans leur fonctionnement seront favorisées. Le directeur de l'établissement et le président de la CME devraient être présents dans un collège de la gouvernance territoriale afin de participer à la gestion des territoires de santé.

Renforcer la collaboration des activités hospitalières avec la ville

La fluidification de l'activité ville-hôpital nécessite que l'hôpital ne soit plus considéré comme un centre de santé primaire conduisant à des services d'urgence saturés et à des surcoûts. Les propositions concernant la gouvernance territoriale, dont une des responsabilités consiste à assurer la permanence des soins, contribueront à régler cette question. Il faut aussi privilégier les alternatives à l'hospitalisation (soins à domicile, etc.) et les techniques qui réduisent les durées de séjour (chirurgie ambulatoire, réhabilitation rapide après chirurgie). Ces éléments sont essentiels lors des décisions d'investissement dans les nouvelles structures hospitalières.

Les hôpitaux sont aujourd'hui certifiés à l'échelle de l'établissement, sans prise en compte du parcours des patients à l'extérieur de l'établissement et donc de la qualité de la relation ville-hôpital. L'idée est de faire évoluer ce contrôle qualité des structures vers une évaluation de la prise en charge des patients et des parcours, de façon à inciter les structures à adopter une approche globale centrée sur le patient. Il en va de même pour les indicateurs IFAQ (Incitation financière à l'amélioration de la qualité des soins), aujourd'hui centré établissement et demain parcours patient.

Remédier à la dissémination de l'enseignement clinique

L'enseignement a été la mission la plus structurante pour le CHU. Aujourd'hui, tous les établissements de santé peuvent exercer des missions d'enseignement (et de recherche) et percevoir des recettes qui s'y rattachent. Cette situation tranche avec celle de 1958, où les CHU partageaient avec les centres de lutte contre le cancer et quelques autres établissements un statut, un rôle et des financements spécifiques, et en partie dérogatoires.

Une question importante est de savoir qui enseigne. On peut universitariser la médecine de ville, mais la question de fond reste : qui se consacre à l'enseignement ? Il n'est pas nécessaire d'avoir un grand nombre de personnes. Il faut quelques personnes de qualité, volontaires, pédagogues et dédiées à l'enseignement. Le véritable enseignement nécessite peu de temps, mais un temps dédié. Les systèmes américains et canadiens sont conçus ainsi.

Si les CHU demeurent la catégorie d'établissements qui accueillent le plus grand nombre d'internes en valeur absolue, les stages effectués en CHU ne représentent plus que la moitié de la totalité des stages cliniques. La part d'internes accueillis en CHU-R est passée de 60 % en 2000 à 54 % en 2015 (17 692 sur 32 708 internes). Il s'ensuit qu'une part croissante de l'enseignement est assurée par des praticiens qui ne sont pas hospitalo-universitaires.

Proposer un statut à trois niveaux a pour objectif de disposer d'un personnel dédié à l'enseignement, ce qui améliorera l'efficacité de cet enseignement et facilitera le bon dénombrement des moyens disponibles. La définition d'obligations de service dans un cadre contractuel permettra une évaluation de la mission d'enseignement plus rigoureuse qu'actuellement.

Un système de formation postuniversitaire rattachée à l'université devra être créé. Pour cela, l'université doit s'investir dans la formation continue, avec les associations de formation et les professionnels. Cette formation doit être rendue obligatoire, comme dans les autres pays.

Construire des pôles de recherche d'excellence de dimension internationale

Notre pays se situe désormais au 5e rang pour la part mondiale des publications à fort impact en biologie fondamentale et au 8e rang en recherche biomédicale. La France a été doublée par le Canada et la Chine depuis 2011. L'activité de recherche des CHU est de plus en plus concurrencée par d'autres établissements. La part des CHU dans les scores bibliométriques baisse régulièrement.

L'analyse des publications, des essais cliniques et des financements des programmes hospitaliers de recherche clinique, ainsi que l'implantation des structures de recherche de l'INSERM et du CNRS, permettent d'identifier entre 5 et 10 CHU dont l'activité de recherche a atteint ou peut atteindre une dimension internationale. Il faut faciliter l'émergence de ces pôles d'excellence et faire des CHU des têtes de réseau.

La densité du réseau de CHU pourrait être mieux valorisée et utilisée comme un atout pour décliner des hôpitaux têtes de réseau dans chaque spécialité sur l'ensemble du territoire. La gouvernance régionale proposée pour les hôpitaux sera chargée de cette répartition des spécialités entre établissements. L'objectif est la constitution de pôles d'excellence de renommée internationale dans chaque spécialité, en lien avec les besoins de la population.

La constitution de pôle d'excellence dans la recherche sera un levier de développement des CHU à l'international qu'il faudra encourager. L'excellence de la médecine française doit être un vecteur d'image de la France à l'étranger et un levier de développement de revenus pour les CHU. Ce développement vise à la fois le rayonnement du CHU à l'international et l'intégration de la dimension internationale dans le CHU.

L'accueil d'étudiants étrangers en doctorat et en post-doctorat sur des projets de recherche sera favorisé par une politique de visa plus flexible. La venue de patients étrangers à la recherche de soins d'excellence dans les CHU sera une source de revenus mieux exploitée. Les revenus générés par les patients étrangers sont de l'ordre de 120 millions d'euros par an en France, contre 2 milliards d'euros en Allemagne.

III.
Renforcer les soins de ville pour faire aboutir le virage ambulatoire

Si la couverture médicale reste correcte en France, nul ne peut nier qu'elle se dégrade d'année en année. Alors qu'en 2007, 600 000 personnes vivaient dans un désert médical en France, ils seraient près de 7 millions en 2019 (10 % de la population). On observe une double crise qui touche l'installation des jeunes médecins et le vieillissement des médecins en activité. Moins de 10 % des jeunes médecins s'installent après leur diplôme et 45 % des médecins généralistes ont plus de 55 ans.

La dégradation de l'accès au premier recours est multifactorielle. On y trouve la dégradation de la fonction soins en ambulatoire, la faible valorisation des actes médicaux et chirurgicaux par l'Assurance maladie, la faible structuration des fonctions enseignement et recherche, l'abandon de fait de la permanence des soins et de la gestion des urgences non vitales, la gestion hyper bureaucratique des Agences régionales de santé...

Le libre choix du statut du mode d'exercice pour chaque professionnel de santé restera un principe essentiel du nouveau modèle. Les exercices libéral, mixte et salarié devront être accessibles pour tous les soignants, impliquant que les conditions d'existence de ces différents modes d'exercice soient garanties. Les modes d'exercice en salariat et en libéral connaissent une crise profonde, qui s'inscrit dans le déclin du modèle actuel. Les déserts médicaux ne sont pas propres à la ville et sont largement présents aussi à l'hôpital (taux de vacance élevé).

Nous allons voir comment redynamiser les soins de ville par une plus grande autonomie et reconnaissance des acteurs du premier recours, une réorganisation de la permanence des soins ambulatoires et un aboutissement de l'universitarisation des soins de ville.

1. Les professionnels de ville au cœur du nouveau modèle de santé

La mise en place d'un contrat thérapeutique entre une équipe de soins à dominante ambulatoire, le patient et l'assurance santé, est une avancée qui déplacera le centre de gravité de la prise en charge de nombreux patients souffrant d'affections de longue durée de l'hôpital vers la ville. Ce pilotage des patients chroniques pourra s'appuyer sur un maillage de ville des spécialistes, qui est une spécificité française et dont il faut faire une force dans ce virage ambulatoire.

La priorité donnée à l'axe domiciliaire et aux logements intermédiaires pour la prise en charge du grand âge favorisera aussi la prise en charge ambulatoire des patients en perte d'autonomie. Toutes les professions médicales et paramédicales liées à la gériatrie ambulatoire seront ainsi revalorisées.

La territorialisation de la santé vue précédemment impliquera un pilotage des besoins de santé à partir d'une offre de santé dont la responsabilité sera populationnelle, sans priorisation des lieux d'exercice. Seul le besoin de santé justifiera de prendre en charge le patient dans un centre hospitalier, dans un cabinet médical ou paramédical, en Ehpad ou à domicile.

Chaque professionnel de santé de ville devra remplir les missions de service public territorial qui sont dévolues à sa spécialité au sein des missions générales qui seront définies pour le territoire de santé. La bonne adhésion à ces missions, comme la permanence des soins, entre autres, donnera accès à un ensemble d'infrastructures et de services dédiés, et optimisera les conditions de travail de chaque professionnel. Cela devra être le cas quel que soit le mode d'exercice, libéral ou salarié.

2. La permanence des soins ambulatoires : une mission partagée entre tous les professionnels de santé

La question de la prise en charge en ville des urgences non vitales et la permanence des soins est cruciale pour sortir de la spirale infernale des urgences hospitalières de plus en plus saturées et pour renforcer la médecine de ville dans le système. L'investissement dans la permanence des soins ambulatoires se traduira par une meilleure pertinence des urgences hospitalières. À titre d'exemple, certains services d'urgence ont un taux d'hospitalisation inférieur à 10 %, alors qu'il devrait être supérieur à 30 %.

Modéliser des structures adaptées et instaurer une orientation des patients efficace

Chaque territoire de santé disposera de structures dédiées à la permanence de soins ambulatoires, que nous appellerons *maisons médicales de garde*. Ces maisons auront des équipements de radiologie et de biologie médicale adéquats pour prendre en charge des urgences non vitales. En fonction des territoires, deux modèles de maisons sont à installer : celui de la maison médicale de garde proche de l'hôpital quand c'est possible, ce qui favorise l'orientation naturelle et l'identification facile par les patients, et un modèle de maison éloigné de l'hôpital, au cœur d'un territoire plutôt isolé.

Une expérimentation des deux modèles est à mettre en place dans deux ou trois territoires pour dimensionner efficacement ces maisons en matière immobilière, architecturale et équipement médical. Cette expérimentation devra intégrer le fonctionnement de la régulation de l'orientation des patients, qui est un facteur clé de succès.

Des règles de paiement comparables à l'hôpital

La permanence des soins est largement sous-valorisée en ville et les patients doivent dans la plupart des cas payer les consultations en ville, alors que rien n'est à régler à l'hôpital. Si les médecins libéraux sont attachés au paiement à l'acte, celui-ci n'est absolument pas adapté à la permanence des soins. En cas de faible passage de patients sur une soirée ou une nuit, le médecin se retrouve très désavantagé et peu incité à continuer à assurer ces permanences.

La non-valorisation de la pénibilité en ville et à l'hôpital est une cause majeure de perte d'attractivité dans les deux secteurs. Garde, temps de travail additionnel, astreintes doivent être valorisés à leur juste valeur.

Nous proposons de remplacer le paiement à l'acte par un forfait ajusté à la pénibilité de cette permanence et applicable à chaque médecin, quel que soit son mode d'exercice. Ce paiement au forfait a un double avantage : il ne met pas à risque financier le médecin libéral en cas d'une faible fréquentation et il permet de faire travailler ensemble des médecins salariés et libéraux sur des bases financières identiques pour des tâches équivalentes.

Dans le prolongement de la réforme des carrières hospitalières, des médecins hospitaliers volontaires pourront réaliser des gardes dans des maisons médicales de garde de ville. Ainsi, une part des charges salariales de l'hôpital sera financée sur des budgets finançant des activités réalisées en ville.

Enfin, les patients qui consulteront les centres de permanence de soins n'auront pas à avancer les frais de consultation. Les professionnels de santé seront rémunérés par forfait, payés directement par l'assurance santé aux médecins libéraux et seront intégrés dans la rémunération des médecins salariés.

Pour éviter tout abus de consumérisme médical des permanences de soins et tout transfert injustifié de consultation entre les heures d'ouverture normales des centres médicaux vers les heures de permanence, le système de régulation de l'orientation des patients doit être très performant. La technologie numérique sera amplement utilisée pour avoir une information en temps réel de l'orientation des patients et réguler correctement le système.

3. Universitariser les soins de ville pour tous les professionnels de santé

L'universitarisation des professions médicales et paramédicales en ville, aussi bien pour la recherche que pour l'enseignement, est un enjeu majeur pour raffermir leur attractivité et pour réussir le virage ambulatoire. Cela passe par une hausse du temps de formation des soignants sur le terrain, dont nous reparlerons plus loin.

Évaluer et valoriser l'enseignement en ville sans dévaluer le soin

Le virage ambulatoire concerne l'ensemble des valences professionnelles médicales. Les besoins en enseignement vont doubler dans les années à venir. Il en est de même des projets de recherche, dont une partie croissante va concerner des patients qui seront uniquement vus en ambulatoire.

On peut dissocier la valence recherche et enseignement, mais pas enseignement et soin en ville, comme à l'hôpital (à quelques exceptions près de matières ultraspécialisées). La gestion des carrières doit tenir compte de cette réalité. La valence enseignement doit être valorisée au même niveau que la recherche. Or, aujourd'hui, la valence recherche est la seule à être valorisée et évaluée (avec le principe d'évaluation à partir de la bibliométrie qui nécessite beaucoup de temps pour les acteurs).

Le défi de la qualité de l'enseignement est la relative subjectivité de son évaluation. L'évaluation par les participants a des limites, c'est nécessaire, mais insuffisant. Il faut mettre en place un système de valorisation et d'évaluation de l'enseignement comme en recherche avec la bibliométrie.

Le statut de PU-MG est censé avoir trois valences (soins, recherche, enseignement). Il faudra permettre de passer à deux valences, comme nous le recommandons à l'hôpital. Les lieux de formation clinique des internes en ville seront les territoires de santé, qui devront avoir un lien spécial avec l'université, qui pourra s'inspirer du texte régissant les maisons de santé universitaires.

La rémunération et la formation des maîtres de stage sont insuffisantes : 300 euros par externe et 600 euros par interne par mois (à partager entre les MSU) ; deux jours de formation et un nombre modéré d'actes sont demandés. Il faut davantage de reconnaissance institutionnelle pour les maîtres de stage en médecine générale, en leur donnant, par exemple, un lien avec l'université pour leur bibliographie.

Développer la recherche clinique en médecine de ville grâce à un financement spécifique

Plusieurs travaux ont mis en évidence la nécessaire adéquation entre les besoins de santé des populations et une distribution appropriée des ressources pour la recherche[24]. En France, le développement de la Filière universitaire de médecine générale (FUMG) a permis de développer sensiblement cette recherche ces dix der-

24. Dont White K. L., Williams T. F., Greenberg B. G.: "The ecology of medical care": N. Engl J. Med 1961;265:885-92.

nières années. Cependant, notre pays reste, en matière de production scientifique, largement devancé par les Pays-Bas, le Canada, les États-Unis et le Royaume-Uni. Ces pays ont déjà largement œuvré dans le déploiement de la discipline universitaire, de la structuration de réseaux d'investigateurs et de base de données.

Si le projet porte sur des pathologies hospitalières, le CHU doit piloter. Si le projet porte sur des pathologies peu présentes à l'hôpital, le projet devrait être piloté par les professionnels du premier recours, en particulier par le médecin généraliste. Un levier efficace pour développer la recherche clinique en médecine de ville serait de créer un Programme ambulatoire de recherche clinique (PARC) qui fera l'objet d'une évaluation régulière.

Malgré la richesse du Système national des données de santé, l'observation et l'analyse fine des pratiques médicales requièrent des informations plus systématiques et détaillées. Ainsi, les informations telles que les motifs de recours, les diagnostics, les facteurs de risque, les signes cliniques, les symptômes ou les plaintes, les résultats biologiques, les prescriptions, sont des éléments essentiels à la connaissance et à l'amélioration des pratiques. Ce type de base de données n'existant pas en médecine générale en France, un outil de recherche et de production de connaissances scientifiques visant à l'amélioration de la qualité, de la sécurité et de la pertinence des pratiques professionnelles est à développer. Il faut structurer de façon professionnelle un réseau de recherche national en soins primaires, reposant sur des médecins généralistes impliqués, afin de pouvoir répondre à des projets de recherche nationaux et internationaux. La finalité est de permettre la production de nouvelles données en soins primaires. Leur analyse doit enrichir les recommandations de bonne pratique permettant l'amélioration du fonctionnement du système de santé, des procédures de prévention et de soins au service de la santé des patients.

IV.
Relever le défi du bien-vieillir et du virage domiciliaire pour le grand âge

La politique du grand âge en France est à l'image de la politique de la santé : elle gère le court terme sans stratégie et reste centrée sur les établissements d'hébergement pour personnes âgées dépendantes (Ehpad) comme les soins restent centrés sur l'hôpital. Elle se résume à une politique de fin de vie et non une politique du bien-vieillir, comme la santé reste focalisée sur le curatif.

Nous suggérons là aussi de bâtir une politique du grand âge fondée sur une politique du bien-vieillir d'une part, et sur une adaptation de l'offre aux besoins des personnes âgées en perte d'autonomie d'autre part.

Nous avons évoqué dans la première partie le haut niveau de rendement économique et social d'un investissement dans le capital humain en santé. C'est vrai à tous les âges de la vie. Le report le plus tard possible de la détérioration de son capital santé, qui peut conduire à une perte d'autonomie, a un impact élevé sur la qualité et sur le niveau des dépenses pour la collectivité de la dernière partie de sa vie.

Les enjeux sont connus. La France compte 9,4 % de sa population qui a plus de 75 ans en 2020, ce groupe de 6,5 millions de personnes va doubler d'ici à 2060 à 12,5 millions (17,2 %) de la population selon les prévisions de l'Insee. L'essentiel de ce vieillissement se fera avant 2040, la France comptera alors 11 millions de personnes de plus de 75 ans (14,7 % du total).

Le pays compte aujourd'hui un peu plus de 1,3 million de personnes bénéficiaires de l'allocation personnalisée d'autonomie, dont près de 40 % vivent dans un des 7 500 Ehpad en France. Avec 650 000 résidents en Ehpad, la France est l'un des pays européens qui comptent le plus grand nombre de personnes âgées en Ehpad (8,8 % des 75 ans et plus). Si les résidents sont près de 280 000 avec un haut niveau de dépendance (GIR 1 ou 2), justifiant leur présence dans ces lieux, plus de 200 000 devaient vivre hors des Ehpad du fait de leur faible dépendance.

Si la qualité du vieillissement ne s'améliore pas, le nombre de personnes en perte d'autonomie doublera d'ici à 2060 du fait de l'effet démographique (vieillissement). Les divers rapports sur le grand âge, dont celui de Dominique Libault en mars 2019 qui devait servir de base à la loi grand âge prévue dans le quinquennat, pointent tous le manque de moyens financiers dédiés au secteur. Selon le rapport Libault, il faut augmenter les dépenses d'au moins 9 milliards d'euros par an d'ici à 2030.

Le bien-vieillir piloté par les départements

L'avenir de la transition démographique en France ne se fera certainement pas dans les Ehpad, peu plébiscités et correspondant à des formes d'accompagnements nécessaires, mais davantage orientées dans des prises en charge médicales non pas de personnes particulièrement « vieilles », mais particulièrement malades. Une politique de l'autonomie réussie se mesurera à la capacité du système à éviter la perte d'autonomie due à des pathologies chroniques évitables et à sa capacité à activer ce qu'il reste d'autonomie.

Nous avons vu précédemment le big bang institutionnel proposé pour décentraliser cette politique. L'État définira des objectifs de santé publique et une stratégie nationale, qui serviront de feuille de route aux collectivités territoriales pour mettre en place cette politique. Les régions interviendront comme collectivités d'investissement et de stratégie. Le département sera l'opérateur pivot du maintien en bonne santé à tout âge, et donc de la qualité du vieillissement des individus.

Des plateformes gérontologiques pour adapter l'offre à la demande

Le nouveau modèle de santé intégrera la politique du grand âge dans la politique de santé globale, mettant fin aux politiques catégorielles selon les âges. Une politique de santé est aussi un projet de société inclusif qui ne distingue pas les citoyens « vieux », nos « aînés », les « séniors » des autres citoyens. La territorialisation de la santé mettra fin au cloisonnement actuel entre le secteur médico-social et les autres secteurs sanitaires.

Nous proposons d'entrer dans une approche de « plateformes » gérontologiques. La nomenclature existante des établissements médico-sociaux est complexe et la spécialisation des prises en charge ne correspond plus ni aux enjeux du vieillissement, ni aux attentes des personnes et de leur entourage. Le modèle de l'Ehpad est à bout de souffle. Son attractivité décline aussi bien chez le personnel qui y travaille que chez les potentiels résidents. La prise en charge collective, trop peu différenciée au sein des structures, génère des cohabitations douloureuses. La sous-médicalisation des structures (0,5 ETP de médecin pour tout un établissement) et une forme de mercenarisation du personnel paramédical (l'intérim est bien plus rémunérateur) mettent en danger la qualité de la prise en charge.

Les opérateurs privés à but lucratif du secteur des Ehpad ont un modèle économique fondé sur l'optimisation de la rentabilité de l'activité hôtelière, conduisant à minimiser le personnel et les dépenses type nourriture aux dépens de la qualité de la prise en charge. Les activités soins et prise en charge de la dépendance sont sans marge bénéficiaire possible, avec des tarifs non revalorisés depuis des années dans le public comme dans le privé. Les différents scandales de ces dernières années dans certains Ehpad illustrent la nécessité de revoir le modèle économique afin qu'une marge bénéficiaire soit possible pour le privé, mais dans une régulation qui garantisse la qualité de la prise en charge, et son accès à tous.

L'objectif est de proposer une modularité des réponses apportées en fonction du niveau de perte d'autonomie et des attentes individuelles. Une priorité au domicile et donc aux services à domicile sera donnée, car c'est le souhait de 90 % des personnes. Les structures adaptées à la perte d'autonomie modérée incluront un domicile adapté avec de la domotique innovante, un accueil de jour dans des institutions dédiées et un accueil temporaire dans des structures de répit pour les aidants.

Lorsque les logements des personnes dépendantes ne sont plus adaptés aux besoins et que le maintien à domicile n'est plus possible, les logements intermédiaires – type de résidences intergénérationnelles, résidence autonomie, habitat inclusif, accueil familial – qui favorisent le lien social et conservent les personnes âgées dans un environnement sécurisé, seront à développer encore davantage que maintenant.

La France comptait 110 00 places en 2020 en résidence autonomie, avec une hausse de 1 300 places par an de 2012 à 2018. Ces logements intermédiaires sont un levier pour sortir du dualisme domicile/Ehpad. Les prévisions officielles font état d'un besoin de création de près de 100 000 places en dix ans en Ehpad, soit une moyenne annuelle de 10 000 places contre 4 300 par an depuis dix ans. Nous recommandons de privilégier la création de 100 000 places en logements intermédiaires en dix ans.

En cas de perte d'autonomie lourde, des plateformes médicalisées de haute expertise doivent permettre d'affiner les réponses proposées. La solution Ehpad restera incontournable, mais elle devra se transformer afin d'être plus égalitaire dans son accessibilité et mettre l'humain au cœur de sa réponse. Les nouvelles technologies ne constituent pas l'ensemble des solutions, mais des moyens incontournables pour optimiser les solutions proposées.

Enfin, face à la transition démographique en cours, la société devrait porter un nouveau regard sur le vieillissement, ni craintif, ni compatissant, ni stigmatisant mais objectif et positif. Les entreprises et les décideurs du monde économique peuvent faire du vieillissement une véritable opportunité économique en développant la filière industrielle et de services des gérontechnologies. Actuellement, notre recherche est performante mais éclatée entre une myriade de pôles de compétitivité, clusters et autres grappes d'entreprises. Il serait ainsi utile de créer une agence nationale des technologies de l'autonomie afin de coordonner chercheurs et industriels, trouver un modèle économique aux nouvelles technologies et lancer des campagnes de sensibilisation de la population sur les nouvelles technologies à domicile (domotique, téléassistance, NTIC).

Outre les enjeux industriels, la vieillesse deviendra la « matière première » du développement économique local de certains territoires axés sur la prise en charge des personnes âgées et pourvoyeurs d'emplois non délocalisables. Il faut développer une conception universelle, i.e. l'accessibilité à tout pour tous.

V. Renforcer la formation initiale et continue des professions de santé

Une formation de qualité est un gage de montée en gamme des métiers du soin, de promotion professionnelle équitable et de meilleure qualité et sécurité des soins. Le renforcement de la Filière universitaire de médecine générale sera un atout pour dynamiser cette spécialité et l'amélioration de la formation continue à l'hôpital sera un levier d'attractivité pour le personnel médical et paramédical.

Cet impératif de revaloriser la formation à toutes les étapes de la carrière est une nécessité pour tous les professionnels de santé. L'autonomie des soignants passe par un temps minimum à maintenir leurs compétences et en acquérir de nouvelles pour rester performants mais aussi pour leur dignité et pour donner un sens à leur travail dans la durée. La formation continue fait intégralement partie des droits et devoirs des professionnels et de ceux qui les emploient, quel que soit leur mode d'exercice.

La formation des professionnels de santé, un secteur d'excellence

La formation initiale doit être plus flexible afin d'adapter les projets professionnels des étudiants à leurs aspirations individuelles, à la diversité des pratiques professionnelles existantes ainsi qu'à la possibilité de partenariats nationaux et internationaux. Les formations interprofessionnelles et la santé environnementale sont indispensables pour répondre aux besoins de coordination dans les affections de longue durée et aux besoins d'actions de prévention sur l'ensemble de la population.

Le compte personnel de formation doit être sacralisé et devenir une réalité pour chaque professionnel de santé, dont la qualité des programmes de formation et des partenariats est à renforcer et à mieux évaluer.

Ajuster la formation initiale à l'évolution des métiers

Pour les médecins, nous proposons d'instaurer un stage libre au cours de l'internat répondant aux aspirations de chacun et aux spécificités de certains territoires.

Le nombre de stages en ambulatoire sera augmenté, notamment en psychiatrie et en gériatrie pour sortir ces spécialités de l'hospitalo-centrisme.

Les formations interprofessionnelles pendant l'internat sont à rendre obligatoires pour préparer les soignants au travail d'équipe lors de la coordination des parcours des patients en Affection de longue durée. Cette interprofessionnalité sera aussi l'occasion d'enseigner des compétences transversales, comme la lecture critique d'articles scientifiques pour toutes les filières santé. Une formation à la médecine environnementale est à intégrer dès le deuxième cycle des études médicales pour améliorer la compréhension des nouvelles pathologies dites environnementales et les crises sanitaires.

En médecine générale, la quatrième année de l'internat doit être véritablement professionnalisante et compensée par une année en moins dans l'un des deux premiers cycles. Le stage en ambulatoire au cours du deuxième cycle sera obligatoire (ce qui n'est pas effectif actuellement).

Les sages-femmes doivent pouvoir évoluer entre l'hôpital et le libéral. Une souplesse dans ces types d'activités est nécessaire pour couvrir les besoins des deux secteurs. Cela doit mieux se préparer dès la formation, aujourd'hui trop axée sur le travail hospitalier.

Pour les formations paramédicales, il faut remédier à la baisse de niveau à l'entrée des écoles d'infirmiers comme des manipulateurs radios et des aides-soignants. La reconnaissance universitaire des infirmières spécialisées est à faire aboutir au plus vite (Ibode, IDE puéricultrices et IDE en santé mentale notamment) pour permettre la montée en gamme de l'ensemble des métiers paramédicaux.

L'accès au concours IDE des agents de services hospitaliers et des aides-soignantes doit être reconnu dans les textes et dans les faits. Le Contrat d'engagement de service public (CESP) instauré en 2009 devra être généralisé à l'ensemble des professions de santé. La promotion des contrats d'apprentissage de ces métiers permet de soutenir financièrement les étudiants et aussi d'assurer un recrutement qualitatif comme quantitatif pour les établissements de santé.

Enfin, une amélioration des possibilités d'évolution en établissement de santé est à construire dès la formation des kinésithérapeutes pour que le travail hospitalier soit suffisamment attractif pour couvrir les besoins.

Augmenter le temps de formation sur le terrain

L'enseignement va revêtir une importance grandissante en ville, du fait de la place croissante de la formation initiale des internes de médecine générale en ville et de la présence dominante des patients en ville. L'ajout d'une année d'internat en médecine générale se fait en parallèle du passage de 2 (en 2017) à 3 (en 2018) puis à 4 semestres de stage en ville pour les internes.

Pour l'instant, cette hausse du nombre de semestres en ville ne concerne que la médecine générale. Il faudrait que ce soit également le cas des autres spécialités médicales. Il va donc falloir augmenter encore le nombre de maîtres de stage. Dans le deuxième cycle, il y a un stage de 3 mois en médecine générale. Il serait souhaitable de doubler ce temps pour que les étudiants apprécient le plus tôt possible la réalité de l'exercice en ville.

L'enseignement ne doit pas être une échappatoire au soin. Il faut valoriser le parcours professionnel des soignants en proposant une diversification possible du parcours, mais en gardant bien à l'esprit que la mission première d'un professionnel de santé reste le soin. C'est vrai pour la rémunération, mais aussi pour l'intérêt de la carrière. Il convient de doubler le nombre d'enseignants en médecine générale et de rendre attractive la carrière universitaire en médecine générale.

L'enseignement de médecine générale reste cloisonné en deuxième cycle. Cet enseignement manque de transversalité. Il y a pénurie d'enseignants de médecine générale (MG) en deuxième cycle. Il faut doubler à court terme le nombre d'enseignants en médecine générale pour atteindre un *ratio* proche de 1 enseignant pour 40 étudiants et accompagner l'installation des jeunes en lien avec l'université en généralisant, sur tout le territoire, le dispositif d'assistant universitaire à l'ensemble des régions.

La formation continue, un droit inaliénable

Si l'outil compte personnel de formation existe dans la plupart des secteurs et spécialités, il est très peu opérationnel. Il sera considéré comme un droit inaliénable pour tout professionnel de santé. Les contraintes de gestion d'effectifs ne peuvent justifier l'impossibilité pour le personnel des établissements hospitaliers et médico-sociaux de se former. Une simplification administrative de grande ampleur doit se faire à l'hôpital public, afin de permettre un accès facile, pour tout personnel, à un programme de formation de qualité à partir d'un guichet unique numérique.

Face au laxisme de quelques opérateurs de formation qui offrent des programmes de piètre qualité, il est nécessaire de renforcer la sélection de ces opérateurs et de mieux évaluer le contenu des programmes. Un retour d'expérience des formations par les utilisateurs doit accompagner chaque formation et être pris en compte par le régulateur. Une réelle évaluation des formations doit être opérée par un organisme indépendant ou les services de l'État, comme pour la formation des salariés du privé.

Le financement de la formation par l'industrie pharmaceutique des programmes postuniversitaires et de développement professionnel continu est à pérenniser, à travers un fonds dédié, qui garantisse l'indépendance professionnelle des soignants vis-à-vis de l'industrie. L'accréditation pour les spécialités à risque sera généralisée au secteur public, via un financement par l'assurance santé.

L'accès à la formation au management des professionnels de santé qui souhaitent occuper des postes de direction sera facilité et considéré comme essentiel dans la gestion des promotions. De façon générale, les performances de formation continue, de promotion à des postes de direction et d'évolution interprofessionnelle seront intégrées dans la distribution de subventions à la qualité de soins.

Le processus de recertification des professions médicales en cours d'officialisation en 2021 devra redonner un nouvel élan à la formation professionnelle continue. Pour cela, il devra être accompagné d'une vraie gouvernance de la qualité des pratiques médicales, avec les conseils nationaux professionnels, dont nous reparlerons plus tard. La qualité de la relation avec les patients est aussi une donnée essentielle, qui nécessitera l'intervention des patients experts, qui participeront à l'enseignement médical et paramédical continu.

La place des patients dans la formation des soignants est croissante et à forte valeur ajoutée. L'enseignement par la simulation, dont le centre international de simulation de Genève est un bel exemple, prendra de plus en plus d'importance. Nous recommandons la généralisation des départements universitaires de patients dans toutes les universités de médecine et de pharmacie de France afin d'augmenter les capacités de formation des patients et de professionnaliser leurs fonctions.

III
Refondre la gouvernance de la santé

La gouvernance concerne l'utilisation d'un pouvoir coercitif légitime et efficace pour influencer les comportements et actions des organisations et des individus de notre système de santé. Adapter la gouvernance aux nouveaux défis sanitaires et aux aspirations des individus et de la société du XXIe siècle est un facteur clé majeur de la réussite du nouveau modèle.

La nouvelle gouvernance doit répondre aux multiples avancées évoquées précédemment : prioriser la santé publique, gérer la santé à partir des besoins de santé, unifier les secteurs du soin pour évoluer vers une approche de parcours, rendre accessible l'innovation en santé à tous les citoyens le plus rapidement possible, recouvrer notre souveraineté sanitaire, assurer une évaluation et une amélioration permanente de la qualité en santé.

La réflexion d'une nouvelle gouvernance doit aussi s'appuyer sur les valeurs fondamentales qui sous-tendent notre modèle de santé. Le modèle de 1945 a posé des fondements en matière de solidarité, d'émancipation individuelle et de recherche d'un haut niveau de protection sociale.

Nous allons désormais aborder l'unification de la gouvernance des professionnels de santé, les liens entre les collectivités territoriales et les instances sanitaires, la gouvernance de l'innovation sanitaire et celle de la qualité des pratiques en santé.

I.
Unifier la gouvernance des soins

Notre modèle de 1945 de protection sociale a été bâti sur une idée chère à Jules Ferry et à bien d'autres républicains de la fin du XIXe siècle, selon laquelle « *ce n'est pas à l'État de régler la question sociale mais c'était à lui de fixer les conditions de sa mise en place* ». Il s'est ensuivi en 1945 une délégation de service public de l'État à une institution appelée Sécurité sociale.

Une des dérives de ces dernières années, suite à l'étatisation de la gouvernance, a été la mise à l'écart de l'Assurance maladie, réduite à son rôle de financeur. Le choix proposé ici est de redonner toute sa place à l'Assurance maladie dans la gestion du risque et la gouvernance de l'ensemble des secteurs du soin.

La loi de 2002 a fait des patients des usagers du système de santé disposant de droits et d'obligations, mais aussi de pouvoir de représentation. De représentants des usagers, de patients ressources, d'intervenants en éducation thérapeutique du patient, les patients peuvent avoir un rôle croissant en fonction de leur engagement et de la place que les institutions leur font. Cependant, dans la réalité, les patients n'ont toujours pas de véritable statut, restent le plus souvent bénévoles, et la typologie officielle est très restreinte par rapport aux multiples rôles.

À la démocratie sociale s'ajoute ainsi le besoin inexorable de faire aboutir une démocratie sanitaire. On s'intéresse ici à la *démocratie sanitaire*, qui correspond aux droits collectifs exercés par des représentants des usagers dans la réflexion sur la politique de santé au niveau national, régional et local, ou par les citoyens eux-mêmes, directement, dans le cadre des états généraux (stratégie nationale de santé, loi bioéthique, etc.).

Enfin, l'évolution d'une stratégie du soin à une stratégie de santé implique de changer l'appellation de l'Assurance maladie obligatoire (AMO) actuelle et de la remplacer par l'Assurance santé obligatoire (ASO). L'Union nationale des caisses d'Assurance maladie (UNCAM) devient l'Union nationale des caisses d'assurance santé (UNCAS). L'Union régionale des caisses d'Assurance maladie (URCAM) devient l'Union nationale des caisses d'assurance santé (URCAS). Les Caisses primaires d'Assurance maladie (CPAM) deviennent les Caisses primaires d'assurance santé (CPAS).

Une délégation de service public de la gouvernance globale de soins à l'assurance santé

Nous avons vu dans la réflexion sur la santé publique que l'État devait être réarmé dans le pilotage de la santé publique sur un plan national comme régional. L'État doit être doté des outils institutionnels nécessaires pour disposer de la connaissance la plus fine possible des besoins sanitaires actuels et futurs, afin de définir une stratégie nationale de santé et une allocation des ressources en conséquence.

L'État définit des priorités de santé publique, ce qui n'est pas fait dans le modèle actuel, sauf sous forme de listes à la Prévert sans priorisation, comme ce fut le cas pour 100 objectifs dans la loi relative à la santé publique du 9 août 2004. Cette stratégie et ce financement s'inscriront dans une loi de programmation sanitaire à cinq ans, votée par le Parlement.

C'est ensuite aux acteurs de la gouvernance opérationnelle de traduire ce plan stratégique en plan d'actions dans les régions et dans les territoires de santé. C'est ainsi qu'on rétablira la confiance entre l'État et les différentes composantes du système. C'est aussi un moyen de responsabiliser ces dernières et de rendre acceptables socialement des décisions d'organisation de soins sous contrainte budgétaire et dans une phase de transformation structurelle.

En donnant un vrai pouvoir d'action aux forces vives de la démocratie sanitaire et sociale (usagers, professionnels de santé, syndicats, financeurs, industriels), l'État pourra se concentrer sur ses fonctions exclusives de régulateur, de stratège et d'opérateur de fonctions régaliennes.

La démocratie sanitaire et sociale au cœur du nouveau modèle

Pour rendre l'usager acteur dans la gestion de son capital santé, il faut l'impliquer dans la gouvernance opérationnelle des produits et services de santé. La loi du 4 mars 2002 a donné des droits et des obligations à l'usager, mais aussi des pouvoirs de représentation et de décision qui ont été insuffisamment exploités. Le nouveau modèle corrigera cette situation et valorisera tout le potentiel de la loi de 2002 pour passer d'un système paternaliste prescriptif à un système collaboratif, fondé sur l'autonomie des usagers.

Nous proposons deux évolutions pour y répondre. D'abord, la création d'un statut officiel pour le patient comme «*usager acteur du système de santé*». Ce statut fera de cet usager acteur une profession au même titre que les autres professions de santé avec une formation diplômante permettant d'exercer cette profession. Ensuite, la reconnaissance de l'ensemble des fonctions («métiers») exercées par l'usager acteur du système de santé sera officialisée. Aujourd'hui, trois typologies de patients sont légalement reconnues: représentant des usagers depuis 2002, médiateur de santé pair en santé mentale depuis 2012 et intervenant en éducation thérapeutique du patient depuis 2015. Toutes les autres – ressource, pair-aidant (autre secteur que la santé mentale), formateur, enseignant, chercheur – ne le sont pas actuellement, mais le seront dans le nouveau modèle.

Cette démocratie sanitaire doit être soutenue par une gouvernance.

En tant que pilier de la solidarité de notre système, l'assurance santé représente une base solide et crédible pour bâtir un pôle de gouvernance démocratique de notre système de santé. C'est elle qui fait du système français un des plus solidaires au monde, grâce notamment au remboursement à 100 % des soins liés aux affections de longue durée, tout en préservant les libertés de choix des citoyens pour se soigner.

En 2019, les dépenses de soins hospitaliers ont été remboursées par l'Assurance maladie à hauteur de 92 % de la consommation et celles des soins de ville à 66 % au sens des comptes de la santé (hors honoraires en cliniques privées, hors biens médicaux et transports sanitaires)[25]. Elle est donc parfaitement légitime pour être un pôle de référence de la gouvernance. En remboursant les soins des Français depuis plusieurs décennies, l'assurance santé dispose de bases de données médicales uniques et précieuses.

L'assurance santé est aussi la mieux placée sur un plan technique pour être au cœur de la gouvernance

25. *Les dépenses de santé en 2019 – Résultats des comptes de la santé – Panoramas de la DREES*, Édition 2020, p. 80.

de l'ensemble des offreurs de soins. Depuis 1945, elle joue un rôle clé dans l'organisation des soins de ville en France et négocie les conventions médicales depuis 1971 avec les professionnels de santé libéraux. Elle a ainsi acquis une longue expérience de négociation dans un système basé sur une logique contractuelle.

Enfin, l'assurance santé, en tant que financeur principal des dépenses de santé, garantira le fonctionnement de cette démocratie sanitaire et sociale dans le respect des contraintes budgétaires et optimisera chaque euro d'argent public dépensé.

Un Parlement citoyen en santé

Il est essentiel de reconstruire un projet politique autour de la Sécurité sociale, plus particulièrement sa branche santé (assurance santé) pour asseoir son rôle de financement sur une institution démocratique solide. Cette évolution de la gouvernance passe par l'élaboration d'une nouvelle gouvernance de l'assurance santé, afin d'en faire une véritable institution démocratique. La rénovation du Conseil de l'assurance santé (Union nationale des caisses d'assurance santé, UNCAS) sera réalisée à partir de deux instances créées en 2004 : la Conférence nationale de santé (CNS) et la Caisse nationale de solidarité pour l'autonomie (CNSA).

La reconstruction d'un pôle de démocratie sanitaire et sociale efficace passe par l'élargissement de la représentation citoyenne dans le Conseil de l'UNCAS, composée aujourd'hui des syndicats patronaux et salariés. Le Conseil de l'UNCAS reprendra le schéma de composition de la Conférence nationale de santé (CNS).

La CNS est constituée de 8 collèges : le collège 1 : des représentants des collectivités territoriales ; le collège 2 : des représentants des usagers du système de santé ; le collège 3 : des représentants médicaux et paramédicaux des conférences régionales de la santé et de l'autonomie ; le collège 4 : des partenaires sociaux, incluant des représentant(e)s des employeurs, des salariés et des exploitants agricoles ; le collège 5 : des acteurs de la cohésion et de la protection sociales ; le collège 6 : des acteurs de la prévention ; le collège 7 : des offreurs de services de santé ; le collège 8 : des représentants des organismes de recherche, des industries des produits de santé et des personnalités qualifiées.

Nous allons nous inspirer du mode de gouvernance de la CNSA, avec son parlement citoyen, pour l'assurance santé nationale et placer la CNSA sous la tutelle de cette dernière. La CNSA pilote le secteur médico-social depuis 2005.

Comme pour le Conseil de la CNSA, le Conseil de l'UNCAS aura un double rôle : organe de gouvernance classique, il arrêtera le budget, approuvera les comptes et le rapport d'activité et se prononcera sur les priorités d'actions de l'UNCAS dans le cadre de la Convention d'objectifs et de gestion (COG) qui la liera à l'État. Par sa composition originale, il est aussi un lieu d'échange et de débat sur tous les aspects de la politique de santé et d'aide à l'autonomie.

Le Comité exécutif de l'assurance santé national pilotera les trois secteurs du soin

Sous la responsabilité du directeur général de l'UNCAS, il convient de créer une direction générale de l'offre de soins dotée de trois sous-directions pour diriger l'hôpital, la ville et le médico-social. Les hauts fonctionnaires de la Direction générale de l'offre de soins (DGOS) dédiés à la régulation de l'hôpital seront transférés dans ce service de l'UNCAS. Les équipes responsables de l'orientation stratégique de l'offre de soins resteront dans les services du ministère de la Santé pour préparer la stratégie nationale de santé et la loi de financement de la Sécurité sociale.

Actuellement, l'État et l'UNCAM concluent un contrat dénommé «*plan national de gestion du risque et d'efficience du système de soins*», relatif aux objectifs pluriannuels de gestion du risque, communs aux trois régimes membres de l'UNCAM, pour une durée minimale de deux ans. Une évolution législative permettra d'intégrer dans ces contrats pluriannuels la supervision de l'ensemble des établissements hospitaliers. La détermination des règles de tarification des établissements de santé, publics et privés, qui étaient une des prérogatives de l'État, sera désormais dévolue à l'UNCAS, ce qui mettra en cohérence la fixation des règles de financement avec la gestion des dépenses globales de santé.

Une réplication de la gouvernance bicéphale en région

L'étatisation des soins instaurée par la loi HPST avait conduit à la fusion des Unions régionales des caisses d'Assurance maladie (URCAM) au sein des Agences régionales de santé (ARS), avec l'ensemble des autres services sanitaires et sociaux régionaux. La nouvelle gouvernance recréera les Unions régionales d'assurance santé (URCAS) afin de leur donner la responsabilité de la gouvernance des soins à l'échelle régionale.

Les URCAS auront une gouvernance en miroir de celle de l'UNCAS, aussi bien pour leur conseil que pour leur commission exécutive. Les autres services de l'ARS seront conservés dans les Agences régionales de santé publique du nouveau modèle. Les agences régionales demeureront, mais disposeront uniquement d'une mission de pilotage de la santé publique en région.

Les URCAS coordonneront les activités et gèreront le Fonds d'intervention régionale (FIR) des établissements de santé publics et privés, des centres de soins ainsi que des structures pour personnes âgées, handicapées et dépendantes. Les URCAS seront liées à l'UNCAS par une Convention pluriannuelle d'objectifs et de gestion (COG).

Les leviers d'action au service de la politique d'organisation de l'offre de soins en région seront entre autres les contrats conclus par les URCAS. Au premier rang de ces contrats se situe le Contrat pluriannuel d'objectifs et de moyens (CPOM). Ces derniers « *déterminent les orientations stratégiques des établissements de santé ou des titulaires de l'autorisation (d'activités de soins ou d'équipements en matériels lourds) et des groupements de coopération sanitaire sur la base du projet régional de santé [...]* »[26]. Ces contrats visent à optimiser l'allocation de ressources selon des objectifs de santé publique déterminés.

Les CPOM sont étendus depuis la loi HPST aux « *offreurs de services de santé* » comme les centres de santé et les maisons de santé. Contrairement aux CPOM des établissements de santé, ces CPOM ne sont pas une obligation pour les structures concernées. Le versement d'aides financières ou de subventions peut être conditionné à la conclusion de tels contrats.

La Conférence régionale santé et autonomie (CRSA), regroupant l'ensemble des acteurs de la santé au sein de huit collèges, aura le rôle « Parlement régional de la santé » et sera intégré dans le Conseil des URCAS. Constituée d'une centaine de personnes dans chaque région, la CRSA se compose d'une Commission permanente et de quatre Commissions spécialisées : usagers, prévention, médico-social et soins.

Les Agences régionales de santé publique (ARSP) viendront en appui des URCAS pour évaluer à court et moyen terme les besoins sanitaires de la population.

26. Art. L 6114-2 du CSP.

Outre les besoins sanitaires, elles fourniront une évaluation exhaustive de l'état de santé de la population et de l'état qualitatif et quantitatif de l'offre de soins.

Les Caisses primaires de l'assurance santé, opérateurs de la gouvernance territoriale

Les 102 Caisses primaires d'assurance santé (CPAS) seront présentes dans tous les départements du pays comme les actuelles CPAM. Actuellement, les CPAM remplissent cinq fonctions principales : affilier les assurés sociaux et gérer leurs droits à l'Assurance maladie ; traiter les feuilles de soins et assurer le service des prestations d'Assurance maladie et d'accidents du travail et les maladies professionnelles (remboursement des soins, paiement des indemnités journalières, avance des frais médicaux aux bénéficiaires de la CMU, etc.) ; appliquer chaque année, en relation avec les professionnels de santé, un plan d'action en matière de gestion du risque ; développer une politique de prévention et de promotion de la santé (dépistage des cancers, des déficiences, etc.) et assurer une politique d'action sanitaire et sociale par des aides individuelles aux assurés et des aides collectives au profit d'associations.

La gouvernance des CPAS évoluera conformément à celle des URCAS et de l'UNCAS, avec un Parlement de la santé et une direction opérationnelle pour chaque secteur du soin. Ce Parlement sera constitué par le Conseil territorial de santé qui sera intégré dans le Conseil de la CPAS. Ce Conseil territorial de santé, créé par la loi du 26 janvier 2016 de modernisation de notre système de santé, remplaçait les conférences de territoire.

La CPAS jouera le rôle d'opérateur avec la nouvelle gouvernance territoriale. Un Contrat pluriannuel d'objectifs et de moyens (CPOM) liera la CPAS à chaque gouvernance territoriale.

II.
Des liens étroits entre collectivités territoriales et institutions sanitaires

Après avoir établi les missions des collectivités territoriales dans le nouveau modèle de santé, il reste à définir les liens de ces collectivités territoriales entre elles pour la gestion des questions de santé et avec les institutions sanitaires.

1. Le territoire de santé doté d'une gouvernance unifiée et d'un projet territorial unique

Les territoires de santé seront pilotés à partir d'un projet territorial de santé unique qui sera une déclinaison du projet départemental de santé (lui-même décliné à partir d'un projet régional de santé), en tenant compte des spécificités sociales, économiques et médicales du territoire. Ce projet territorial planifiera les objectifs et les moyens du territoire pour une période de cinq ans.

Ce projet territorial sera déterminé par le groupement territorial de santé, qui regroupe l'ensemble des acteurs de santé du territoire. Il sera approuvé par l'Union régionale des caisses de l'Assurance santé obligatoire et sera inscrit dans un contrat d'objectifs et de moyens de cinq ans.

Chaque territoire de santé sera piloté par un groupement du territoire de santé, qui sera une structure associative regroupant l'ensemble des acteurs de santé. Afin d'être proche et lisible par les citoyens, chaque groupement portera le nom d'un lieu emblématique du territoire : territoire de santé du Gâtinais, territoire de santé du Lochois… L'appartenance des professionnels au groupement du territoire de santé sera obligatoire pour tous les professionnels conventionnés avec l'Assurance santé obligatoire, et fera partie intégrante de leur activité professionnelle.

Ces différents acteurs seront regroupés dans quatre collèges :

- un collège des professionnels de santé composé de professionnels élus dans les Unions régionales des professionnels de santé, des professionnels non élus et des représentants des syndicats de salariés de la santé ;
- un collège des représentants des institutions sanitaires et médico-sociales composé des

représentants des directions administratives et médico-soignantes ;
- un collège institutionnel et citoyen regroupant des responsables d'associations de patients et de citoyens et des représentants des ordres locaux ;
- un collège des élus locaux des communes, des établissements publics de coopération intercommunale et des conseils départementaux comprenant des élus responsables des politiques publiques en lien avec la santé.

Le groupement territorial de santé ne doit pas représenter une administration supplémentaire, mais un échelon de décision et de concertation. Fonctionnant selon un mode très démocratique à définir, il sera l'entité opérationnelle représentative d'une véritable décentralisation de la gestion de la santé en France.

Chaque groupement territorial de santé sera lié contractuellement à son Union régionale des caisses d'assurance santé, qui assure la régulation de l'offre de soins et le financement de l'ensemble des soins par les Caisses primaires d'assurance santé. Le lien contractuel sera le Contrat pluriannuel d'objectifs et de moyens de cinq ans (CPOM), qui comprend le projet territorial de santé unique.

Le groupement territorial de santé conclura un pacte territorial de santé publique avec le conseil départemental pour une durée de cinq ans. Ce pacte territorial sera intégré dans le projet territorial de santé.

2. Un pacte départemental de santé publique entre le département et la région

En tant que chef de file de la prévention à tous les âges de la vie, le conseil départemental inscrira ses actions dans le projet régional de santé publique co-défini par l'Agence régionale de santé publique et le conseil régional. Un pacte départemental de santé publique de cinq ans sera signé entre le conseil départemental, la région et l'Agence régionale. Ce pacte reprendra le projet régional, adapté aux spécificités du département, fixera les objectifs et les moyens nécessaires pour les atteindre.

Les services départementaux des Agences régionales de santé actuelles seront fusionnés avec la future direction de Santé publique du conseil départemental afin de simplifier l'architecture administrative. Ce transfert renforcera la responsabilité du département en santé publique pour en faire le pivot opérationnel, en cohérence avec la redéfinition des missions précédemment réalisées.

3. Mutualiser la gouvernance de l'Agence régionale de santé publique avec le conseil régional

Le conseil régional participera à l'élaboration du projet régional de santé publique, qui sera la déclinaison du projet national de santé publique défini par l'État, et tenant compte des spécificités régionales. Il signera avec chaque conseil départemental un pacte départemental de santé publique.

Au niveau national, les travaux des Agences régionales de santé sont coordonnés par le Conseil national de pilotage (CNP) des ARS. Il est notamment en charge de la fixation des objectifs des ARS, de la gestion de leurs moyens financiers et humains, de la coordination entre les directions centrales du ministère chargé de la Santé, l'Union nationale des caisses de l'Assurance maladie et la Caisse nationale de solidarité et d'autonomie (CNSA).

Dans le modèle actuel, l'Agence régionale de santé concentre les pouvoirs en matière de santé publique, et les autres acteurs n'ont qu'une voie consultative. Au sein de l'agence, le directeur général a lui-même tous les pouvoirs. Nommé en Conseil des ministres, le directeur général est tout-puissant, jouant le rôle d'un préfet sanitaire, mais sans aucune liberté par rapport au pouvoir central. Il est révocable ad libitum en Conseil des ministres, ce qui renforce le centralisme étatique de la gouvernance, mais il n'a aucun compte à rendre aux instances et acteurs locaux, ce qui tend à un fonctionnement autocratique des agences. La gouvernance est dotée d'un conseil de surveillance, présidé par le préfet de région, qui est une chambre d'enregistrement des décisions de la direction de l'agence.

Plutôt qu'un conseil de surveillance qui avalise les choix de l'État, un conseil d'administration sera instauré et sera présidé par le président du conseil régional.

Les responsabilités et missions du directeur de l'Agence régionale de santé publique devront être revues en conséquence. Ce conseil d'administration participera à la définition du projet régional de santé publique, à la définition des objectifs et des plans d'action.

L'Agence régionale de santé publique devra garantir que le projet régional soit cohérent avec le projet national de santé publique, en respectant les objectifs et les priorités de ce projet.

III.
Une gouvernance des pratiques médicales

Le rapport entre la société et les médecins a beaucoup évolué ces dernières années. Nous ne sommes pas arrivés à un système procédurier à l'américaine comme on pouvait le craindre dans les années 2000, mais dans un système d'exigence accrue de la part des patients en matière de qualité des prestations et de transparence de l'information. Même si cette évolution est difficile à accepter pour beaucoup de médecins, le changement de paradigme dans la relation médecin-société est globalement positif. Cependant, elle met le professionnel de santé sous pression.

Le médecin doit rester le plus irréprochable possible dans son éthique et sa déontologie, exigence au cœur de sa gouvernance à travers le Conseil de l'Ordre jusqu'à ce jour, mais aussi dans sa pratique médicale, dont la régulation va compléter sa gouvernance dans le nouveau modèle. Le médecin dispose de moyens d'investigation et thérapeutiques infiniment plus importants aujourd'hui qu'il y a même vingt ans. Il s'ensuit que même si le médecin n'a pas une obligation de résultats, il dispose de beaucoup plus de moyens pour soigner, qu'il se doit de mettre à disposition de tous.

Le nouveau modèle accompagnera le professionnel médical dans ce nouveau contexte en développant un cadre institutionnel qui gouverne la qualité de sa pratique médicale. Ce cadre est essentiel pour accompagner positivement le professionnel dans cet environnement médical plus complexe, pour garantir aux usagers un haut niveau de qualité et de sécurité en santé et pour optimiser l'efficience du système.

1. Une autorégulation de la profession médicale avant tout déontologique jusqu'à présent

Si la régulation par le Conseil de l'Ordre a été focalisée au XXe siècle sur la déontologie, c'était en partie dû au fait qu'à défaut de moyens techniques importants, la profession devait être exemplaire dans son comportement éthique et quelque part dans ses « humanités ». Les grands noms de la médecine de cette époque, dont Jean Bernard, étaient d'éminents humanistes, ce qui ne les a pas empêchés d'appuyer le développement scientifique de la médecine et de prendre conscience de la transformation technologique en cours. Ces humanités dans la profession médicale sont à renforcer.

Cependant, la régulation de la profession doit s'étendre au-delà de la déontologie. L'arrivée de l'open data accentue le besoin de transparence sur l'activité des médecins. L'évolution spectaculaire de la science médicale et des technologies change la donne. La science médicale devient de plus en plus complexe et protocolisée. La pratique de la médecine dans la maîtrise et le respect de l'évolution des connaissances médicales, comme l'attestent les articles 11 et 32 du Code de déontologie, devient un défi de plus en plus difficile à relever.

Les guides de bonnes pratiques réalisés par la Haute autorité de santé viennent répondre à cette évolution, mais la bonne transmission et l'appropriation de ces guides par l'ensemble de la communauté médicale restent imparfaites dans la pratique. Il existe un maillon faible, voire manquant dans la chaîne, allant de l'innovation médicale à la pratique quotidienne médicale, qu'il faut consolider.

La question de la responsabilité médicale est aussi en jeu. L'évolution précédemment décrite de la relation médecin-société exacerbe les conséquences d'une mauvaise gestion de la responsabilité médicale. Si les spécialistes des plateaux techniques sont les professionnels les plus poursuivis en cas de sinistre, le nombre de déclarations de sinistres est aussi en hausse chez les médecins généralistes, dont les condamnations peuvent être très lourdes.

2. La montée en puissance des Conseils nationaux professionnels

La régulation des pratiques médicales est donc déterminante pour renforcer la confiance des citoyens dans les soignants, améliorer la qualité des soins et garantir l'indépendance professionnelle des professionnels.

Parmi les défis à relever dans la régulation de la qualité, l'adhésion de la communauté médicale et sa crédibilité vis-à-vis de l'opinion publique et des pouvoirs publics font partie des plus difficiles à relever. La question à se poser n'est pas de savoir s'il faut instaurer cette régulation, mais qui doit la piloter. Grâce à la détermination du Professeur Olivier Goëau-Brissonnière, la France dispose des institutions compétentes et crédibles au sein de la communauté médicale comme auprès des pouvoirs publics pour mener à bien cette régulation des pratiques.

Créée en 1997, la Fédération des spécialités médicales (FSM) regroupait initialement les sociétés savantes de la plupart des spécialités d'exercice reconnues par l'Ordre national des médecins. Pendant dix ans, la FSM a mené de nombreuses réflexions transversales sur la méthodologie, l'organisation, la labellisation et l'évaluation des actions de formation médicale continue, puis sur l'évaluation des pratiques professionnelles.

Depuis 2008, la FSM a profondément évolué dans ses statuts et ses objectifs pour faire évoluer la gouvernance au service de la qualité des pratiques et des soins. Dans cet objectif, elle est parvenue à réunir l'ensemble des composantes de chaque spécialité médicale dans des Conseils nationaux professionnels (CNP), dont la gouvernance est strictement paritaire entre les modes d'exercice, et dont la FSM coordonne les travaux. Grâce au regroupement des professionnels issus des différents organismes représentatifs de la spécialité, une double gouvernance scientifique et professionnelle dont le champ de compétences est celui de l'évaluation et de l'amélioration des pratiques professionnelles est également instituée.

Cette nouvelle gouvernance des pratiques médicales sera à articuler avec les parties prenantes « naturelles » de cet exercice. C'est le cas du Conseil de l'Ordre, qui est le seul à disposer d'un pouvoir de sanctions professionnelles vis-à-vis de ses membres. Dans le cas de professionnels récalcitrants au bon respect des pratiques médicales et des évaluations exigées, il en reviendrait au Conseil de l'Ordre d'assurer la médiation et, si nécessaire, de sanctionner.

Actuellement, la Haute autorité de santé assure la conception de guides de bonnes pratiques pour les différentes spécialités. La réorganisation institutionnelle proposée en début d'ouvrage intègre une partie des missions de cette autorité dans une Agence nationale de santé publique et une autre partie dans une agence innovation de santé. Un lien structuré de la FSM et des CNP avec cette agence innovation de santé devra être établi pour garantir la mise à jour des pratiques professionnelles en fonction des innovations technologiques.

Les associations de patients seront également un autre partenaire dans cette évaluation de la qualité des pratiques médicales. La qualité perçue par les patients est une composante importante de l'évaluation. Il existe des indicateurs d'évaluation de l'impact de la maladie sur la qualité de vie des patients (*Patient reported outcome measures*, PROMS) et des indicateurs d'expérience du patient concernant son parcours de soins (*Patient reported experience measures*, PREMS) que le FSM envisage d'introduire ces indicateurs dans les registres de pratiques que les CNP créent sur une plateforme commune. Les patients sont d'ailleurs associés au Comité scientifique des registres de la FSM.

L'exigence de transparence qui caractérise notre société pose la question de la mise à disposition du grand public des performances des établissements de soins et des professionnels de santé. La mise en place d'indicateurs sérieux de qualité (et non un *Trip advisor* des soins) et de performances dans l'ensemble des établissements de santé à court terme et pour l'ensemble des offreurs de soins à long terme sera aussi un levier important pour améliorer la qualité. La publication des résultats de ces indicateurs par un site de l'assurance santé donnerait un éclairage utile aux patients.

Les services publics américains (*Hospital compare*) et anglais (*NHS choice*) ont montré que cela était possible à l'échelle de grands pays. Ils ont mis à la disposition du grand public, avec succès, des données détaillées fournies par les structures de soins sur la qualité des prises en charge. Cette transparence se fera en étroite collaboration avec les associations de patients et de citoyens pour évaluer leur pertinence.

Cette autorégulation des pratiques par la communauté médicale conduira à une recertification des médecins comme cela existe dans d'autres pays. Cette recertification des professions médicales tous les six ans devrait être officialisée en France courant 2021. Cependant, elle ne sera efficace, voire, même effective, que si cette gouvernance de la qualité des pratiques médicales crédible et efficace est instaurée.

IV.
La gouvernance des produits de santé

La gouvernance des produits de santé est typique de l'organisation en silo qui caractérise la santé en France. Il existe une agence pour chaque maillon de la chaîne – l'Agence nationale de sécurité du médicament et des produits de santé (ANSM) pour l'autorisation de mise sur le marché (*regulatory*), la Haute autorité de santé (pour l'évaluation de l'intérêt du produit (*assesment*) et le Comité économique des produits de santé (CEPS) pour la tarification – sans réelle connexion entre elles). Avec un temps d'accès au marché plus de quatre fois plus long qu'en Allemagne, cette multiplication d'agences est inefficace.

La réorganisation de la gouvernance doit intégrer la dimension européenne de l'évaluation des produits de santé avec l'Agence européenne des médicaments

(EMA), qui ne peut que prendre une place croissante dans la gouvernance.

Cette réorganisation doit aussi se faire en cohérence avec les autres évolutions de la gouvernance proposées précédemment. Ainsi, la création de l'Agence nationale de santé publique prendra en charge l'analyse stratégique et prospective de la politique de santé et l'évaluation des établissements de soins.

Nous avons évoqué la mise en place d'une loi de programmation sanitaire sur cinq ans pour la politique de santé. Celle-ci devra comporter un volet «*produits de santé*», intégrant toute la chaîne qui va de la recherche à la distribution. Pour refaire du produit de santé un actif stratégique en France, il faut réaliser des choix technologiques en amont de la chaîne sur des technologies prioritaires, et probablement en aval sur certaines indications en fonction des priorités de santé publique décidées dans la loi.

1. Une situation de transition avant une gouvernance européenne étendue

La constitution d'une nouvelle gouvernance des produits de santé doit anticiper une européanisation croissante des procédures, tout en étant réaliste sur les obstacles réels présents sur le chemin de l'harmonisation européenne. Nous considérons que la gestion au niveau européen (par l'EMA) de la première étape conduisant à la délivrance de l'autorisation de mise sur le marché sera dans les prochaines années une réalité. Cela nécessitera que l'EMA revienne à des critères d'évaluation plus cliniques et pas seulement de sécurité pour entraîner l'adhésion de pays comme la France. Il existe des différences culturelles assez marquées au sein de l'Union européenne dont il faudra tenir compte.

Pour la deuxième étape sur l'évaluation de l'intérêt des médicaments, le réseau européen d'évaluation des technologies de la santé (Eunethta) n'a jamais décollé et illustre les divergences bien ancrées entre les pays sur les critères d'évaluation à utiliser. L'évaluation purement médicale deviendra européenne à un moment donné alors que l'évaluation économique restera durablement nationale du fait des divergences culturelles.

Ce sera à l'agence européenne de proposer un processus d'évaluation médicale commun acceptable pour les pays. La sortie du Royaume-Uni de l'Union européenne facilite cette approche européenne, sachant que les Britanniques divergent sensiblement avec une approche avant tout budgétaire et coût-efficacité. Un cadre commun à l'Union européenne pour l'évaluation médico-économique des produits de santé pourrait être proposé tout en laissant la possibilité aux États d'ajuster le modèle à leurs besoins et à leur contexte. La France devrait insister, par exemple, sur l'impact des médicaments sur la qualité de vie et les bénéfices patients.

2. Pour une agence de l'innovation française en santé

La réorganisation institutionnelle de la gouvernance des produits de santé représentera un saut qualitatif significatif en général et pour les innovations disruptives en particulier. Outre ce qui vient d'être évoqué, la nouvelle organisation répondra à l'interdépendance de l'économie de l'innovation et à son approche interdisciplinaire. Elle aura une approche globale de la recherche et du développement à la distribution des produits de santé. Elle permettra de lier la santé des citoyens avec les industries de santé, ce qui n'est pas le cas actuellement.

Nous recommandons la création d'une agence de l'innovation en santé sur un modèle mixte inspiré de l'agence de l'innovation dans la défense en France et de l'agence Barda des États-Unis. Cette agence de l'innovation intégrera les missions dévolues à l'ANSM et à la HAS, tout en considérant l'européanisation de certaines procédures. Cette agence accompagnera le plan quinquennal de programmation sanitaire. Elle sera en lien avec l'agence européenne Hera et devra définir et conduire une politique d'innovation en santé.

En remplaçant certaines agences actuelles, elle représentera une réelle simplification administrative. Cette simplification administrative comprendra aussi un rattachement de l'actuel comité économique des produits de santé (CEPS) au payeur, i.e. à la caisse nationale d'assurance santé dont la refonte a été expliquée précédemment. Cette évolution rendra le processus de tarification plus démocratique du fait de la gouvernance démocratique instaurée dans le Conseil de l'assurance santé.

Nous recommandons également le développement de formations de patients experts sur les produits de santé dans les départements universitaires patients des facultés de médecine, qui seront étendues à toutes les universités de médecine. Ces patients experts seront intégrés dans les instances de l'agence de l'innovation en santé et dans la Commission de tarification des produits de santé. Leur rôle sera décisionnaire et pas seulement consultatif et leur poids suffisant pour influencer les décisions.

Cette démocratisation de la gouvernance des produits de santé est l'intérêt de toutes les parties prenantes. Pour les industriels, c'est une garantie que toute innovation qui pourra éviter des pertes de chance sera mise sur le marché le plus tôt possible. Pour les pouvoirs publics, c'est une forme de dépolitisation d'un processus, dont certaines décisions impopulaires telles que des déremboursements. Les choix auront une assise démocratique et seront donc plus acceptables. La démocratisation du processus s'accompagnera d'objectifs plus ambitieux en matière d'accès au marché des innovations tout en prenant en compte des contraintes budgétaires.

Cette agence de l'innovation devra transformer la perception culturelle négative de notre pays vis-à-vis des industries de santé. La contribution de ces industries à la richesse nationale est peu considérée en France. La crise sanitaire a démontré que leur déclin était synonyme de perte de souveraineté nationale et de décrochage économique vis-à-vis de l'Allemagne entre autres.

IV
Pour un financement solidaire à payeur unique

Si notre système de financement est à bout de souffle depuis des années, la crise sanitaire a remis un peu plus en question sa soutenabilité financière. Nous sommes donc à la croisée des chemins, sachant que le choix du modèle de financement influe directement sur le choix du type de modèle de santé.

Notre système à deux étages quasi généralisé sur l'ensemble des services de santé – avec un assureur public complété par un assureur privé pour la même prestation – est le plus coûteux au monde en coûts administratifs après les États-Unis (5,6 % de la dépense courante totale contre 2,8 % en moyenne dans les pays développés), de faible efficacité dans la qualité de la couverture du risque malgré une couverture assurantielle très large et très inégalitaire pour la partie complémentaire privée.

Si le système de financement est à deux étages, seul l'assureur public supporte en réalité le vrai risque, celui qui peut durablement paupériser les ménages. C'est vrai hors crise sanitaire avec les affections de longue durée supportées par l'assurance santé ; ça l'est aussi en période pandémique, où 100 % des coûts liés à la crise ont été pris en charge par l'assurance santé, les assureurs privés réalisant deux milliards d'euros d'économies en 2020, du fait de la baisse de remboursement sur les soins courants.

Parmi les pays développés, il existe trois grands systèmes de financement qui structurent trois types de modèle de santé : le système national de santé (40 % des pays riches), dont le type même est le NHS anglais fondé sur une culture utilitariste, et qui est un système étatique financé et piloté par l'État ; le système d'Assurance maladie géré par des assureurs privés (10 % des pays), dont le modèle est le système de santé américain, et qui se fonde sur la culture du citoyen autosuffisant ; le système de Sécurité sociale (50 % des pays), représenté par la France et l'Allemagne ; il se base sur l'égalité des droits.

Une spécificité du modèle français est liée à notre histoire et fait de la liberté de choix de son professionnel de santé une valeur cardinale de notre système de santé, avec son corollaire qui est l'indépendance professionnelle des soignants. Cette liberté de choix n'existe ni dans le modèle anglais, ni dans le modèle américain (sauf pour les plus riches). La contrepartie de cette liberté est l'obligation de souscription pour tous à une assurance santé publique, pilier de la solidarité mais aussi de la responsabilité des assurés. Cette responsabilisation des assurés est une condition indispensable de bon fonctionnement de ce financement solidaire et doit être assurée par une démocratie sociale et sanitaire, sur la base de *l'autonomie solidaire*.

Plusieurs défis sont à relever : la nouvelle architecture de financement, la régulation des dépenses, les modalités de paiement et le financement de l'investissement social et de la prévention médicalisée.

I.
Une nouvelle architecture de financement

Face aux enjeux de chronicisation des pathologies, de vieillissement de la population, de maîtrise contrainte des dépenses publiques et d'émergence de biothérapies plus efficaces et plus coûteuses, garantir à tous un accès aux meilleures prestations de santé sans risque de paupérisation des individus est un des défis du nouveau modèle de santé.

1. Un financement solidaire à assureur unique par prestation

La base fondatrice solidaire de la Sécurité sociale sera confortée dans le nouveau système de financement. L'efficacité de ce dernier est essentielle pour faire vivre l'*autonomie solidaire* dans le nouveau modèle.

Aujourd'hui de nature corporatiste, notre protection sociale évolue vers un modèle universaliste. Une conséquence de ce changement est d'asseoir les droits sociaux sur la personne et non plus sur les statuts professionnels comme dans le modèle existant, et ce, afin de renforcer l'égalité des droits entre les citoyens. Cette universalisation des systèmes sociaux doit se faire vers le haut en termes de qualité de protection sociale et non vers le bas, afin de bénéficier aux plus défavorisés (principe de justice sociale).

La nouvelle architecture du financement se structure à partir du principe « *un seul assureur par prestation de santé* ». S'il existe aujourd'hui un financeur principal, l'Assurance maladie, qui couvre plus de 78 % de la consommation de soins et biens médicaux, les assureurs privés, qui représentent 13,2 % du financement global, sont présents dans la quasi-totalité des secteurs de soins, pour financer soit les tickets modérateurs, soit la partie libre des honoraires. La France est le seul pays développé à disposer d'un système à deux étages, aussi généralisé.

Ce système n'a pas été structuré par anticipation, il s'est construit au fil de l'eau par réaction. Les deux leviers d'évolution sont la concentration croissante de l'Assurance maladie sur le remboursement des affections de longue durée d'une part, et la recherche constante des assureurs privés d'élargir leur marché assurantiel en conquérant les quelque 20 % de reste à charge après financement public des dépenses courantes de santé d'autre part. Ce marché potentiel en 2019 est de 45 milliards d'euros, dont ils détiennent déjà 28 milliards. Cette conquête se fait de façon anarchique, sans recherche d'efficacité assurantielle, et au prix fort pour les assurés qui voient leurs primes augmenter annuellement de plus de 3 %.

Un décroisement des financements publics et privés selon la logique historique solidaire

Historiquement, l'Assurance maladie a été conçue pour protéger les Français contre le risque de paupérisation face à des soins très coûteux. C'est ainsi que l'Assurance maladie rembourse à 100 % les soins liés à une Affection de longue durée, à plus de 90 % les soins hospitaliers, à 100 % les médicaments innovants coûteux. Cette situation perdurera dans le nouveau modèle. Son rôle de bouclier sanitaire sera renforcé en la plaçant comme seul assureur d'une grande partie des prestations de santé, en conservant les principes existants d'exonération des tickets modérateurs et en ajoutant par rapport au modèle actuel un plafonnement du reste à charge lié au revenu. En revanche, l'assurance santé se retirera de certaines prestations où elle est actuellement minoritaire.

La distinction des paniers de soins remboursés par l'assurance santé, d'une part, et par les assureurs privés, d'autre part, n'est pas à penser en fonction de la nature du risque, et encore moins de sa gravité. L'assurance santé reste le financeur prédominant de notre système de santé et le pilote de la gouvernance opérationnelle des soins.

Aujourd'hui, les assureurs privés, au-delà du financement des tickets modérateurs, interviennent majoritairement sur des risques à plus faible variabilité tels que l'optique (risque qui n'est d'ailleurs plus couvert par des assurances dans des pays comme l'Allemagne, le Royaume-Uni ou l'Italie). Le contour précis du périmètre d'intervention des assureurs privés sera établi après la réalisation d'une étude d'impact. La prise en charge en Allemagne des prothèses dentaires et des transports sanitaires par les assureurs privés est un exemple de répartition des paniers de soins.

Les avantages de ce modèle à payeur unique sont multiples : une optimisation de la gestion du risque grâce à une responsabilisation plus forte de l'assureur, une bonne lisibilité du financement et des coûts de santé pour les assurés, un retour sur cotisation plus élevé grâce à une baisse sensible des frais de gestion, une meilleure capacité à diversifier les modes de paiement des offreurs de soins, une réduction des renoncements aux soins pour raisons financières, une lutte plus efficace contre la fraude et une meilleure maîtrise des dépenses publiques et privées de santé.

Pour appliquer cette nouvelle architecture, il sera indispensable de fixer des tarifs reflétant la réelle valeur des actes et d'avoir une gestion dynamique des prestations remboursées pour prioriser l'innovation. Ces deux conditions ne sont pas remplies aujourd'hui.

Un ticket modérateur non assurable et le maintien des conditions d'exemption existantes

Historiquement, le système de financement français a intégré un ticket modérateur qui représente un reste à charge pour le patient après le remboursement par l'assurance santé. Ce ticket modérateur a pour objectif de responsabiliser les patients dans la consommation de soins, et joue un effet reconnu de modération de la dépense de soins courants (pas sur les affections de longue durée).

La nouvelle architecture de financement conservera cette logique de ticket modérateur, dont le montant devra être fixé en fonction des prestations de santé concernées. Ce ticket modérateur ne pourra pas être remboursé par un contrat d'assurance privée. Cette évolution transformera la structure du reste à charge pour les assurés. Avec près de 15 milliards d'euros de remboursement des tickets modérateurs par les assureurs privés, ces derniers ont fait de ces tickets modérateurs la rente financière principale de leur activité, sans aucune valeur assurantielle pour l'assuré.

Toutes les conditions d'exemption qui existent aujourd'hui, pour des raisons sociales et médicales, seront conservées. La détermination des seuils d'exemption du paiement des tickets modérateurs en termes de revenus devra être revue chaque année de façon structurée, afin qu'elle soit adaptée à l'évolution de la conjoncture économique et afin d'éviter tout risque de renoncement aux soins.

Cette clarification des paniers de soins remboursés par chaque type d'assureur conduira à un meilleur taux de prise en charge des prestations remboursées par l'assurance santé. Pour exemple, en 2003, l'assurance santé allemande s'est délestée complètement de certaines prestations comme les couronnes dentaires et les lunettes, ce qui lui permet de mieux rembourser les autres prestations. Les frais d'hospitalisation sont ainsi remboursés à 98 % contre 91 % en France, les honoraires des médecins à 95 % contre 71 % en France.

Un bouclier sanitaire devrait aussi être instauré. Mis en place en 2004 en Allemagne, il consiste à plafonner le reste à charge pour les ménages sur l'ensemble des prestations de santé assurées sur 12 mois à 2 % de leur revenu brut annuel.

Les assureurs privés deviennent des assureurs supplémentaires et non complémentaires

Les quelque 450 organismes d'assurance privés qui opèrent sur le marché de l'assurance privée en santé remplissent aujourd'hui un rôle d'assureurs complémentaires. Dans le nouveau modèle, ces organismes joueront un rôle d'assureurs supplémentaires sur des prestations sanitaires non couvertes par l'assurance santé.

Le Parlement votera un Contrat homogène standard (CHS), qui garantira un niveau de prestations standard sur le marché. Ce contrat servira de référentiel pour le marché des assureurs privés en termes de prix, de garantie et de services. Il sera défini par les pouvoirs publics, via le Parlement au sein de la loi annuelle de financement de la Sécurité sociale, et représentera le niveau de garanties pour des prestations de qualité devant être accessibles à tous.

Un comparateur public sera créé pour donner la possibilité aux assurés de facilement évaluer les offres. Le Contrat homogène standard laissera la possibilité aux opérateurs de se différencier sur le plan des services associés proposés. La commercialisation de ce contrat sera obligatoire pour tout opérateur d'assurance privé en santé. Les garanties du CHS seront actualisées selon une fréquence à déterminer en fonction des cycles d'innovation des prestations couvertes.

En tant que référentiel, ce contrat sera complété par une offre plus large de produits par les opérateurs. La pratique du remboursement différencié selon le professionnel de santé sera interdite sur l'ensemble du marché des assureurs privés, afin de garantir la liberté de choix des usagers et l'indépendance des professionnels. Les plateformes commerciales de services des opérateurs d'assurance (appelés réseaux de soins) transformeront leurs activités en des services dédiés au maintien en bonne santé et à la prévention des assurés.

Les assureurs privés seront incités à financer des services de prévention et de promotion de la santé, dont des services de e-santé, pour se différencier de la concurrence. Grâce à un marché ouvert et vraiment concurrentiel, la différenciation sera possible par le niveau de retour sur cotisation des contrats, mais aussi par la valeur des services de santé proposés aux assurés.

Ce financement supplémentaire par les assureurs privés sera structuré selon une logique mutualiste solidaire à affiliation individuelle uniquement. La mise en place des contrats collectifs dans l'assurance santé privée a conduit à distinguer deux populations de risque, celle des actifs et celle des inactifs (dont les retraités et les chômeurs), ce qui nuit à la bonne protection de la population la plus à risque (retraités, chômeurs). La première est couverte par des contrats collectifs, dont plus de 50 % des primes sont financées par les entreprises, et la seconde par des contrats individuels financés à 100 % par les assurés. Les contrats collectifs représentaient 50 % des cotisations collectées en 2018 (à 17,5 milliards d'euros), contre 44 % en 2015.

Depuis plusieurs décennies, on a observé un phénomène de démutualisation du marché de l'assurance privée en santé, qui a évolué d'un modèle mutualiste (partage du risque) vers un modèle assurantiel pur (sélection du risque). Au début des années 2000, les mutuelles avaient une part de marché autour des 60 % ; celle-ci est descendue en 2019 à moins de 50 % principalement au profit des assureurs à but lucratif qui ont aujourd'hui plus d'un tiers du marché.

La fin des contrats collectifs aura un impact structurel au sein du marché de l'assurance privée en santé. Alors que le marché de l'individuel est dominé par les mutuelles, celui des contrats collectifs est dominé par les instituts de prévoyance dont c'est la principale activité en santé. Les sociétés d'assurance privées à but lucratif sont présentes sur les deux marchés. Pour les assurés, les inactifs (dont les retraités, chômeurs) seront les gagnants de cette évolution grâce à une remutualisation des risques avec l'ensemble des actifs au sein des contrats. Il y aura donc une couverture de meilleure qualité à un coût moindre pour ceux qui sont le plus à risque en santé.

Pour les entreprises, la suppression des contrats collectifs entraînera des économies de près de 10 milliards d'euros, dont une partie devra être réorientée vers la santé au travail pour financer notre grand plan d'investissement social dans le capital humain en santé. Cette baisse des coûts pour les entreprises sera aussi l'occasion de transférer une partie des coûts des indemnités journalières (IJ) de l'assurance santé vers les entreprises.

La maîtrise des IJ étant étroitement liée à l'organisation du travail, les entreprises seront parties prenantes de leur bonne maîtrise. Un transfert de l'ordre de 2 milliards d'euros sur les IJ concernera les arrêts de travail de courte durée les plus liés à l'organisation du travail. Une partie des économies réduira le coût du travail pour ces entreprises, compensation du maintien des cotisations existantes pour financer la santé, que nous recommandons.

Enfin, cette nouvelle architecture de financement devra s'accompagner d'une réorientation de l'activité des mutuelles en santé, dont 85 % de l'activité est aujourd'hui de l'assurance santé vers l'économie sociale et solidaire. De nombreuses prestations visant à réduire les inégalités sociales de santé et à améliorer les déterminants de santé de la population peuvent être instaurées avec les collectivités territoriales. Les Institutions de prévoyance continueront à développer leur activité de prévoyance et de retraite. Quant aux assureurs santé à but lucratif, la part dédiée à la santé est très minoritaire sur l'ensemble de leurs activités.

2. Une régulation des dépenses en phase avec le nouveau modèle

Chaque année, un Objectif national de dépenses d'Assurance maladie (ONDAM) est construit pour l'année *n* et voté par le Parlement en *n-1*. Cet ONDAM est conforme au modèle actuel avec une approche sectorielle par offre de soins. On y trouve six sous-objectifs de dépenses : soins de ville, établissements de santé, établissements pour personnes âgées, établissements pour personnes handicapées, Fonds d'intervention régional (FIR) et autres prises en charge. Cet ONDAM de l'année *n* est construit de façon imprécise et opaque, en particulier pour l'évaluation du tendanciel de dépenses (i.e. la croissance spontanée des dépenses en dehors de toute action particulière). Malgré cette imprécision, ce tendanciel d'évolution des dépenses pour l'année *n* par rapport à l'année *n-1* représente la base de calcul du plan d'économies nécessaire pour atteindre le taux cible voté par le Parlement.

Ce plan d'économies est édulcoré dans la forme par un vocable très diplomatique – «*pertinence et efficience des produits de santé, optimisation des achats et autres dépenses, amélioration de la performance interne des établissements médico-sociaux…*» – pour des mesures en réalité de coupes budgétaires sectorielles. Cet exercice de rabotage budgétaire systématique chaque année, déconnecté des besoins de santé et du terrain, est largement responsable de la dégradation des conditions de travail des soignants et du déclin du système.

De 2012 à 2019, le taux tendanciel retenu a été en moyenne de 4,1 %, pour un taux cible de l'ONDAM moyen voté de 2,3 %, soit un montant moyen d'économies de 3,2 milliards d'euros par an. Ce plan d'économies focalise l'essentiel des débats au Parlement, entremêlé d'intenses tractations avec chaque secteur, chaque corporation. Chaque groupe d'intérêt, accompagné souvent de cabinets de lobbying, va défendre son budget, bien loin très souvent des préoccupations sanitaires.

Pour un ONDAS corrélé avec les besoins de santé et une stratégie de santé

Le nouvel ONDAM sera un objectif national de dépenses de santé (ONDAS), qui inclura les dépenses de santé publique dont la prévention, et sera construit sur cinq ans, avec un réajustement annuel dans la loi de financement annuelle de Sécurité sociale.

Le contenu de l'ONDAS ne sera plus sectoriel mais construit à partir des besoins de santé d'une part (soins chroniques, soins courants, prévention) et du type de dépenses d'autre part (enseignement, recherche, produits de santé). Le nouvel ONDAS donnera une vision claire des déterminants de la croissance des dépenses d'une année sur l'autre et de l'impact des actions de santé menées au cours d'une année. Il sera ainsi construit directement à partir des remarquables travaux menés chaque année par l'assurance santé et publié dans le document *Charges et produits*, depuis la loi du 13 août 2004.

Grâce à ces travaux de l'assurance santé, on sait, par exemple, qu'en 2018, les pathologies et les traitements chroniques ont représenté près de 61 % de la dépense (101 milliards d'euros) et ont concerné 35 % de la population. 55 % de la population a reçu uniquement des soins qualifiés de courants. Le coût de chaque maladie est estimé au global et par patient. Les dépenses pour chaque catégorie de pathologie sont réparties par type de dépense (soins de médecins, médicaments, prestations en espèces), permettant de comprendre la dynamique des dépenses en fonction de l'évolution des besoins. Une étude d'impact sera réalisée chaque année à partir des leviers d'efficience présentés précédemment, tels que le contrat thérapeutique, pour les affections de longue durée, la territorialisation de la santé, les innovations thérapeutiques.

Pour un cinquième risque (de la dépendance) intégré dans l'ONDAS

Le risque de dépendance s'est sensiblement accru ces dernières années et devrait atteindre son maximum vers 2030. La loi de financement de la Sécurité sociale pour 2021 prévoit la distinction d'une cinquième branche de la Sécurité sociale dédiée à la perte d'autonomie.

Ce risque doit être intégré dans le risque santé, considérant la santé de la conception jusqu'au décés de la personne. Une politique de gestion du risque de la perte d'autonomie ne peut pas inclure que des dépenses d'établissements de prise en charge de la perte d'autonomie et du grand âge, comme c'est le cas aujourd'hui, mais aussi une politique et des investissements dans le bien-vieillir. La politique de santé doit être un continuum de la conception à la mort de l'être humain.

Pour des règles garantissant l'équilibre des comptes sociaux

Alors que les comptes de la Sécurité sociale étaient quasiment à l'équilibre en 2018 et 2019 et que la dette sociale allait être entièrement remboursée en 2024, la crise Covid et les mesures non financées du Ségur de la Santé ont fait exploser en vol les comptes sociaux. Aucune perspective de retour à l'équilibre dans une période de projection raisonnable n'est possible en l'état.

Les projections des comptes de la loi de financement de la Sécurité sociale de 2021 font état d'un déficit global de 38 milliards d'euros en 2020, 28 milliards en 2021, 24 milliards en 2022 et 22 milliards en 2023. Le déficit de 2021 sera plus élevé que ce qui est prévu. Près des trois quarts de cette dette sociale proviennent de la branche santé, qui est comptablement la branche malade de la Sécurité sociale.

Le « *quoi qu'il en coûte* » de la crise Covid, appliqué avec largesse en santé et le Ségur de la Santé, dont aucune mesure n'est financée, ont placé l'Assurance maladie dans une situation financière dramatique. La décision de cantonner la dette sociale dite « Covid » dans la Caisse d'amortissement de la dette sociale (CADES), qui a été prolongée jusqu'en 2033 (à hauteur de 136 milliards d'euros dont 92 milliards de déficit cumulé de 2020 à 2023), est économiquement contestable, puisque la dette sociale de la CADES est remboursée en capital et en intérêt chaque année, contrairement à la dette de l'État qui est renouvelée indéfiniment (l'État « *fait rouler sa dette* »).

Ce sont donc les cotisations et les impôts prélevés pour le compte de la protection sociale qui vont servir à rembourser la dette sociale Covid jusqu'en 2033, amputant de quelque 18 milliards d'euros par an les capacités de financer de nouvelles dépenses comme celles de la dépendance. Il eût été préférable de cantonner cette dette Covid avec la dette de l'État.

Le retour à l'équilibre des comptes n'est envisageable que dans le cadre d'une réforme systémique du système de santé. Le nouveau modèle proposé permettra un retour à l'équilibre par l'efficience allocative et productive des dépenses de santé d'une part, et la maîtrise de la croissance des dépenses par l'amélioration de l'état de santé général de la population d'autre part.

Les décisions des dernières années d'augmenter la part des recettes fiscales dans le financement de la santé étaient nécessaires, du fait du vieillissement de la population, qui conduit à une baisse du ratio actif/inactif. Les cotisations sociales représentent 35 % des recettes de la branche maladie et 60 % de celles de l'ensemble de la Sécurité sociale (contre respectivement 34 % et 20 % pour la Csg) en 2019. L'équilibre des comptes de 2018 et 2019 montre que la bascule vers la CSG est maintenant suffisante. Le fait que la CSG – qui s'applique sur l'ensemble des revenus du travail, de remplacement et du capital – soit une source de financement importante en santé fait sens.

La CSG est supportée aussi par les retraités, qui sont les plus gros consommateurs de soins. L'équilibre avec les cotisations sociales préserve un caractère redistributif entre les bien-portants et les malades (solidarité horizontale), qui est au cœur du pacte de solidarité de la Sécurité sociale. Cette hausse de la fiscalisation ne change pas le fait que le citoyen reste le seul financeur in fine du système. Sa participation dans la gouvernance du modèle n'a donc pas à être remise en cause.

Le débat sur le coût du travail revient régulièrement dans l'actualité en France, face au constat de désindustrialisation depuis vingt ans, dont on a constaté les conséquences en termes de perte de souveraineté pendant la crise sanitaire. Le coût du travail horaire en France était en 2019 de 39,1 € contre 41,2 € en Allemagne dans l'industrie et, respectivement, de 37 € contre 33,4 € dans les services.

Ce coût élevé du travail en France, en Allemagne, mais aussi dans les pays scandinaves, est en rapport avec un haut niveau de protection sociale. S'il est indispensable de maîtriser ce coût du travail – nous avons proposé de le baisser en supprimant les contrats collectifs d'assurance santé –, le sujet principal est de disposer en France d'une stratégie de croissance économique conquérante, qui passe par une véritable stratégie industrielle, qui n'existe plus dans notre pays.

La suppression récurrente des cotisations sociales sur les salaires conduit à une spirale récessionniste et décliniste, en laissant penser que le problème n'est pas d'abord la création de valeur ajoutée (à la base du Produit intérieur brut), mais uniquement les charges appliquées sur les salaires. L'Allemagne montre qu'une montée en gamme des produits industriels apporte une compétitivité forte à son industrie, même avec un coût du travail élevé. Cette montée en gamme doit aussi s'appliquer à nos industries de santé.

Au-delà de la montée en gamme de la production, le chômage endémique de la France depuis quarante ans et un trop faible taux d'emploi plombent notre capacité de financement de la Sécurité sociale, qui avait été pensé avec le plein-emploi en 1945. Fin 2020, la France avait 8,9 % de chômeurs parmi sa population active contre 6,3 % en Allemagne (proche de 4 % avant la crise), un taux d'emploi des 15-64 ans de 62,4 % en France contre 72,8 % en Allemagne. Attention à ne pas se tromper de sujet si on veut trouver des solutions sérieuses et efficaces de financement de la Sécurité sociale en France.

3. Pour une assurance santé universelle

Pour renforcer notre protection sociale dans l'économie numérique en cours d'extension, l'État ne doit plus protéger des statuts, mais des droits individuels garantissant à tous une mobilité, une autonomie économique et sociale de la personne. L'assise des droits sociaux du statut professionnel est transférée vers la personne, en tant que personne.

L'individualisation des droits sociaux est un préalable nécessaire pour justifier de la mise en place d'un régime universel de l'assurance santé.

La création d'un Régime santé universel (RSU) suppose la suppression des régimes spéciaux et des droits à prestation qui y sont attachés. Cette initiative paraît, a priori, à haut risque politique, étant donné qu'il pourrait y avoir des perdants qui ont un pouvoir de nuisance non négligeable. Si ceci est réel pour le système de retraites, c'est nettement moins le cas en assurance santé.

Beaucoup de régimes spéciaux sont gérés par des organismes complémentaires qui assurent une délégation de gestion du régime obligatoire et proposent une complémentaire. Or, près de 96 % de la population disposent aujourd'hui d'une complémentaire santé, et celle des régimes spéciaux n'est pas forcément de meilleure qualité. Pour les assurés de ces régimes, il n'y a pas toujours de privilège attaché à leurs « *droits spéciaux* ».

La qualité de services des régimes spéciaux peut même être inférieure à celle du régime général, comme c'était le cas pour les étudiants (avant leur rattachement au régime général en 2018). Une attention toute particulière devra être apportée à l'avenir des employés des régimes absorbés, qui devront être intégrés au régime unique ou accompagnés dans un changement de carrière s'ils le souhaitent. La loi Morice[27] sera donc abrogée.

Avec la suppression des régimes spéciaux et la fin de la délégation de gestion du régime obligatoire aux mutuelles, il faudra fusionner le reste des régimes obligatoires dans le régime général. La notion de régime

27. La loi Morice de février 1947 reconnaît à la mutualité le droit de constituer des sections locales de Sécurité sociale, consacrant ainsi sa position d'organisme complémentaire du régime légal. De leur côté, les mutuelles de fonctionnaires reçoivent, par la loi du 9 avril 1947, une délégation pour gérer le régime de sécurité sociale des agents de l'État. Dans les années 1950, le mouvement mutualiste retrouve une place importante dans le système français de protection sociale.

universel n'impliquant pas obligatoirement celle de régime unique, il sera utile de conserver au moins deux régimes obligatoires, la MSA et le régime général, qui pourront être mis en concurrence pour gérer les droits à l'assurance santé de tout citoyen. C'est une garantie de meilleure gestion et d'incitation à l'innovation en matière de services aux assurés. Les assurés auront un libre choix entre ces deux régimes, dont les appellations devront changer.

II.
Des modes de paiement des professionnels de santé adaptés aux missions

Le choix des modes de paiement revient à choisir des incitations financières pour influencer les actions des intervenants dans le système de santé. C'est le levier le plus puissant pour faire évoluer les comportements des acteurs. Si la gouvernance agit plus comme un « bâton », les modes de paiement interviennent selon une logique d'incitation.

Le nouveau modèle cherche à ce que toutes les composantes du système agissent en faveur d'une réponse optimale aux besoins des usagers. Si on distingue les services de prévention et de promotion de la santé, les soins chroniques et les soins courants, trois modes de paiement distincts devraient être appliqués si on veut optimiser les comportements des professionnels de santé.

Ainsi, les modes de paiement des offreurs de soins sont appelés à se diversifier pour s'adapter à la prestation de services de santé publique et de prévention et pour répondre au suivi de longue durée des patients chroniques. Si le paiement à l'acte reste le meilleur système pour les soins courants, il sera de plus en plus complété par d'autres modes de paiement, comme le forfait de coordination pour le suivi des patients chroniques ou la capitation ajustée pour la prévention et la promotion de la santé, afin d'agir respectivement sur les facteurs de risque et sur les déterminants de santé.

Les nouveaux modes de paiement doivent sortir les professionnels comme les établissements d'une logique basée sur la régulation prix/volume, qui revient à maximiser l'approche volume, ce qui épuise les professionnels, fait perdre le sens du métier de soignant et nuit à la qualité d'écoute des patients. Le défi est de faire évoluer les paiements d'une logique de volume à une logique de valeur. La valeur se mesure par une équation qui comprend, au numérateur, la pertinence des soins multipliée par le résultat, et au dénominateur, les coûts. Nous verrons comment mesurer cette valeur.

La première conséquence d'un financement basé sur la valeur doit être une revalorisation significative de la rémunération de l'ensemble des soignants. Un pays qui valorise une consultation de médecine générale à 25 euros (dont 50 % de charges de cabinet) et un salaire d'infirmier hospitalier moins que le salaire moyen est un pays qui n'a pas su reconnaître la valeur ajoutée de ses soignants. Le modèle actuel a inversé l'ordre hiérarchique de la valeur des actifs en santé. En haut de cette hiérarchie doivent figurer les soignants et les innovations technologiques, alors que le modèle actuel priorise la technostructure, l'immobilier et les produits à faible valeur ajoutée. On en paie le prix aujourd'hui avec un malaise social généralisé pour les métiers du soin.

La remise à niveau de la valeur des actes, et de la valeur des rémunérations en général, doit être concomitante de la refonte générale et de la diversification des modes de paiement, et ce, afin de sortir d'une logique portant essentiellement sur le volume.

Sans ces évolutions, les finances du système seront structurellement déficitaires à un niveau non soutenable dans la durée (ce qui est le cas après le Ségur de la Santé de 2020), entraînant inévitablement une politique de rigueur salariale à terme.

Le modèle actuel de financement à deux étages assurantiels est un frein à l'instauration de cette diversification de modes de paiement, du fait de la présence à la table des négociations conventionnelles de deux types de financeurs, dont les intérêts ne sont pas toujours convergents. Aussi, dans le nouveau modèle de santé proposé, l'assurance santé sera le seul financeur assurantiel pour les établissements de santé, les professionnels médecins libéraux et salariés de ville. En revanche, le nouveau système de financement à assureur unique entraînera la fin de la distinction tarifaire secteur 1/ secteur 2, ce qui ne pourra se faire que si une remise à niveau des tarifs à leur juste valeur est réalisée.

Un paiement à la valeur à construire à partir des valeurs de notre système de santé

Le nouveau modèle ne reprendra pas les techniques américaines de paiement à l'épisode de soins (*Bundled payment*), ni des organisations type ICO ou ACO (*Integrated ou Accountable care organisation*), ni les réseaux de soins (*disease management*).

Ces techniques sont conçues par et pour les grands groupes d'assurances privées américains qui veulent réduire leurs remboursements tout en laissant penser qu'elles maintiennent la qualité. Économiquement, ces techniques sont fondées sur une approche purement mercantile de la santé, assimilant la santé à un bien comme un autre, ce qu'elle n'est pas. Ce qui s'applique sur le marché de la voiture n'est pas transposable en santé.

Ces techniques se traduisent par une explosion des dépenses administratives, une forte hausse des primes des assurances et une sélection des patients aux dépens des plus fragiles.

L'implantation d'un modèle de paiement basé sur la valeur à la française comportera trois leviers : la régulation des pratiques, des tarifs réévalués régulièrement à leur juste valeur et la prise en compte des externalités générées par les actes et pratiques. Par exemple, il est prouvé que la chirurgie ambulatoire et la réhabilitation rapide après chirurgie (Raac) améliorent la qualité de la prise en charge pour les patients tout en diminuant les coûts pour les établissements et pour l'assurance santé. Un paiement à la valeur contiendra une redistribution aux professionnels d'une partie des économies générées.

Une tarification des actes cliniques et techniques à revaloriser

La présence d'un seul financeur nécessite de revaloriser l'ensemble des actes médicaux (au sein de la NGAP) et des actes techniques (au sein de la CCAM) réalisés dans le secteur privé. Les tarifs actuels sont loin des valeurs réelles des actes, ce qui a nécessité la mise en place du secteur 2 en 1980, dit à liberté tarifaire. Une remise à jour à une juste valeur de ces actes, financés par un seul financeur, ne justifiera plus de distinction de deux secteurs tarifaires. Cette réactualisation sera aussi nécessaire pour les professions paramédicales.

La faiblesse des tarifs opposables de la Sécurité sociale a incité les médecins dont l'activité le permettait à augmenter le nombre d'actes, en améliorant leur productivité et en allongeant leur temps de travail. Pour les autres spécialités, comme les spécialités chirurgicales, le potentiel de hausse des actes est limité et ne peut compenser l'écart grandissant entre les coûts de la pratique et les tarifs de remboursement, ce qui a conduit au développement des compléments d'honoraires.

Plusieurs anomalies sont à corriger dans certaines professions. Les consultations de sages-femmes, par exemple, sont rémunérées différemment de celles des médecins, ce qui est contestable. Les tarifs infirmiers sont très bas et impliquent une multiplication des actes. De même, comment justifier une différence d'indemnisation kilométrique selon qu'il s'agisse d'un médecin, d'un infirmier ou d'un kinésithérapeute ?

L'instauration de la classification commune des actes médicaux tarifante a conduit à distinguer le tarif cible élaboré pour chaque acte technique, fixant le prix de la prestation de soins de manière neutre et équitable (sans distorsion tarifaire), et le tarif appliqué effectivement par le médecin, qui doit en principe se rapprocher progressivement du tarif cible. Comme la Tarification à l'activité (T2A) que nous aborderons ultérieurement, la CCAM est un outil censé donner une description de l'activité sous l'angle médico-économique. Le calcul du tarif cible doit être réalisé avec la plus grande rigueur, ce qui est loin d'être le cas. Le nouveau modèle comprendra une conférence de consensus annuelle sur la sélection des produits à rembourser et sur la tarification des actes.

L'introduction du paiement à la performance (en France comme au Royaume-Uni) a été une tentative de maîtriser les effets négatifs des modes du paiement à l'acte et à la capitation. Une solution plus efficace est l'introduction d'une diversification des modes de rémunération associant le paiement à l'acte, le paiement à la capitation et le paiement au forfait en fonction des activités du professionnel de santé.

Cette diversification des modes de paiement entraînera un éclatement de la rémunération à la performance du type ROSP actuel (Rémunération sur objectif de santé publique) entre les différents modes de paiement. Le système actuel de la ROSP inclut, au sein d'un même forfait, des items aussi différents que l'organisation du cabinet, des soins préventifs et le suivi de patients chroniques, ce qui affaiblit le lien entre le forfait et la finalité du service rémunéré. Il s'ensuit une absence d'impact sur les pratiques médicales. Les nouveaux modes de rémunération que nous proposons visent à rétablir ce lien.

La diversification des rémunérations apportera également de nouveaux moyens de paiement pour les médecins libéraux, tout en améliorant la maîtrise des dépenses de santé. Elle répondra aux besoins déjà identifiés de basculer une partie de l'activité des médecins en amont du risque santé pour diminuer la morbidité au sein de la population (vieillissante) et de mieux maîtriser les dépenses des pathologies chroniques. Les rémunérations hors paiement à l'acte ne viendront pas s'additionner en net au niveau actuel du montant du paiement à l'acte, puisque le forfait de coordination ainsi que le paiement à la capitation devraient diminuer le nombre de consultations payées à l'acte.

Cependant, la somme de toutes ces rémunérations permettra de mieux rémunérer l'activité des médecins et des paramédicaux du secteur privé tout en maîtrisant plus efficacement, à terme, les dépenses totales de santé. À ces activités de soins s'ajouteront de nouvelles activités d'enseignement et de recherche qui seront une source additionnelle de financement de certaines structures ambulatoires.

Les modes de rémunération de l'ensemble des professionnels de santé libéraux sont à repenser selon la logique évoquée précédemment. À titre d'exemple, la profession de chirurgien-dentiste est actuellement rémunérée au paiement à l'acte. Or, le modèle dentaire est par excellence un modèle qui devrait être centré sur le préventif, ce qui n'est pas le cas en France. Pour cela, un forfait annuel rémunérant les actes de prévention pendant l'enfance est à instaurer. Les autres actes dentaires resteront payés à l'acte.

Des modes de paiement à l'hôpital à réévaluer dans leur globalité

Le secteur hospitalier a connu au début des années 2000 une évolution substantielle de ses modes de paiement, en passant d'un système de dotation globale par établissement à des mécanismes inspirés par la logique économique, dont la plus importante est la mise en place de la Tarification à l'activité, dite T2A.

Les coûts recueillis à travers l'Échelle nationale des coûts (ENCC) sont retraités et corrigés selon une régulation budgétaire prix-volume, dépendant des ressources annuelles affectées aux établissements de santé dans le cadre du sous-objectif correspondant de l'ONDAM. Très décrié par son caractère productiviste et déconnecté de la réalité, le paiement à la T2A sera revu dans le nouveau modèle dans sa conception d'une part et limité dans son application aux actes courants programmables d'autre part.

Une première faille est le découplage de la T2A entre l'évolution des coûts et celle des tarifs. La T2A s'appuie sur une évaluation insatisfaisante des coûts, du fait, entre autres, de la faible représentativité de l'échantillon de l'enquête annuelle. L'impact de la T2A sur la maîtrise des dépenses n'est pas évident en l'état, la T2A étant davantage une simple clé de répartition relative qu'un levier d'efficience.

Il faut sortir de cette logique actuelle de recettes pour inciter les établissements à des gains de productivité plutôt que des gains d'activité. Une fois rebâtie et limitée à son strict champ d'activité, la T2A retrouvera grâce aux yeux des acteurs du système. Face aux multiples attaques dont elle fait l'objet, il n'y a en réalité aucun autre plan sérieux de substitution. La problématique est proche de celle de la ville, avec la nécessité de diversifier les modes de paiement, pour les adapter strictement aux missions et les associer à une évaluation de la qualité des soins par la régulation des pratiques et plus de transparence vis-à-vis des usagers sur la performance des établissements de soins.

À l'hôpital, la montée en puissance des dotations forfaitaires, pour compenser la baisse de la part de T2A, devra s'accompagner d'une plus grande transparence de l'affectation de ces dotations et une recherche d'efficience avant tout, plutôt que de recettes. Parmi les modes de paiement forfaitaires de l'hôpital, un budget territorial (partagé avec les autres acteurs de ville) permettra d'adapter les financements aux spécificités de la population et de lier les ressources aux besoins en fonction des objectifs de santé publique.

Cette évolution des modes de paiement se traduira par une revalorisation pérenne des salaires des soignants et une reconnaissance financière de la pénibilité de certaines missions. Cette logique ne sera possible économiquement que si l'allocation générale des ressources est repensée en faveur des ressources humaines et technologiques.

Pour un taux de remboursement unique des produits de santé

L'idée est d'instaurer un système de remboursement par l'assurance santé simplifié et plus favorable aux produits innovants. Pour cela, il faut évoluer vers un taux unique de remboursement intermédiaire (autour de 60 %). La solution du taux unique intermédiaire de remboursement est la solution rencontrée dans la grande majorité des autres pays. C'est aussi la règle pour les autres produits et services du système d'assurance santé (soins, dispositifs médicaux). Cela n'empêche pas de conserver le dispositif de remboursement à 100 % (ALD, etc.). Il y aura donc trois taux de remboursement : 0 %, le taux intermédiaire et 100 %.

Cette évolution se fera en deux étapes afin d'éviter des impacts budgétaires trop importants sur le budget de l'assurance santé. Dans un premier temps, le taux de 15 % sera supprimé, les médicaments concernés seront réévalués et non remboursés ou remboursés à 30 %. On peut le faire de façon progressive, en supprimant le remboursement de 15 % sur le flux de nouveaux médicaments et en revoyant le stock des médicaments à Service médical rendu (SMR) faible au gré des réévaluations (en les reclassant en SMR modéré ou SMR non remboursé). À l'issue de cette première étape, il n'y aurait plus que deux taux, 65 % et 30 %.

Dans un deuxième temps, il y aura une fusion des deux taux en un seul, qui devra être estimé précisément à l'issue de la première étape pour respecter la neutralité financière, mais qui pourrait se situer autour de 60 %. Les avantages de cette évolution sont multiples : simplifier et clarifier la lisibilité du financement des médicaments, concentrer le remboursement par l'assurance santé sur les médicaments à forte valeur ajoutée, dégager des marges de manœuvre pour financer les innovations à leur juste prix, et mettre en cohérence le système de financement public des médicaments avec la priorité donnée à l'innovation dans la politique de santé.

Rénover le financement du médico-social en établissement et à domicile

Les structures de soins à domicile (SSIAD et SAAD[28]) sont souvent confrontées à des difficultés financières importantes. La dotation financière des SSIAD[29] est forfaitaire et ne tient pas compte des caractéristiques des patients. Le coût constaté de la prise en charge varie de 0,1 à 3,5 fois le montant de la dotation moyenne par patient allouée par l'Assurance maladie. Pour développer le maintien à domicile, privilégié par 90 % des Français, il faut lancer une concertation afin de mettre en place des tarifications adaptées à la réalité des prestations accomplies.

De nombreux SAAD font aussi face à une offre concurrente pas toujours déclarée, à la baisse de financement par les caisses de retraite, et à une organisation peu efficiente des services. Toutes ces structures souffrent aussi d'un morcellement trop important. Un regroupement des services s'impose pour disposer d'une

28. Respectivement Services de soins infirmiers à domicile et Services d'aide et d'accompagnement à domicile.
29. Les SSIAD assurent deux catégories de soins : les soins de base du relationnel et des soins techniques infirmiers.

taille critique suffisante pour absorber les coûts fixes des fonctions support et des personnels et mieux assurer le parcours de soins des personnes âgées.

La question du financement du grand âge est en général un grand exercice de « bidouillages paramétriques » pour trouver des fonds, sans réflexion globale. Ce nouveau risque social est avant tout la conséquence sociale de différentes pathologies chroniques et représente bien un risque santé, à intégrer dans la politique de santé. Les données montrent clairement qu'il y a un reste à charge anormalement élevé pour ce secteur. Le reste à charge dans les Ehpad est en moyenne de 1 800 euros, supérieur à la moyenne des retraites en France.

Les dispositifs sociaux et fiscaux neutralisent la dégressivité des aides publiques en faveur des personnes dépendantes. Les aides publiques sont à davantage cibler sur les personnes modestes, et un accroissement du soutien aux aidants est indispensable. Des incitations fiscales devraient favoriser la gestion du risque *prévoyance dépendance*. Pour les personnes âgées disposant d'un patrimoine suffisant, de nouveaux dispositifs de viagers mutualisés permettraient de financer les besoins après 75 ans grâce à la « liquéfaction » de leur patrimoine.

Aujourd'hui, une grande partie de la solidarité se fait dans la sphère familiale. La génération 50-65 ans est fortement sollicitée par les parents dépendants, alors même qu'ils aident encore souvent leurs enfants. Les femmes, dont le taux d'emploi a augmenté, sont les plus concernées. Le Haut Conseil à la Famille a estimé la valeur de l'aide informelle entre 7 et 11 milliards d'euros, soit deux à trois fois la valeur de l'APA à domicile (3,2 milliards d'euros). Si une certaine prise de conscience est intervenue sur la nécessité de dynamiser l'aide aux aidants, elle est encore insuffisante.

III.
Un budget personnalisé de la santé et un investissement dans le capital humain

1. Un budget personnalisé pour les affections de longue durée

Notre système de financement actuel, comme l'offre de soins, consiste avant tout à garantir l'accès aux soins sans impliquer le citoyen patient dans le choix de l'allocation des ressources destinées à le soigner. N'intégrant pas la dimension individuelle, le système considère les besoins de chacun de façon identique pour une même situation médicale.

Plus de 60 % des dépenses de l'Assurance maladie sont dédiées aux pathologies chroniques. Les malades souffrant de pathologies chroniques ont une durée de vie de plus en plus longue et des besoins de santé de plus en plus complexes. Un financement identique pour tous ne répond pas aux besoins individuels. Pour répondre à ce besoin d'approche plus individuelle et plus personnalisée, nous proposons la mise en place d'un Budget santé personnalisé (BSP). Ce BSP sera expérimenté chez les personnes souffrant d'Affections de longue durée et ayant un remboursement à 100 % par l'assurance santé pour les soins liés à leur ALD.

Une étude sur plusieurs milliers de patients ALD devra être lancée en prenant également un groupe témoin de personnes avec des soins de longue durée sans BSP. Ce BSP sera un levier important pour aider à reconfigurer l'offre de soins à partir des besoins individuels. Il répondra à la nécessité de renforcer la personnalisation des prises en charge, d'impliquer davantage les individus dans le respect d'un budget de dépenses mieux alloué. Le BSP pourra en effet améliorer la qualité de la prise en charge des malades avec ALD et ayant des besoins complexes de prise en charge d'une part, et participer à une meilleure maîtrise de la dépense publique d'autre part. Des évaluations du BSP, réalisées au Royaume-Uni, ont démontré que, lorsque les personnes ont un meilleur contrôle de leurs soins, le coût total de ces soins diminue[30].

Le BSP est une autre traduction concrète de l'*autonomie solidaire*. Il a de multiples bénéfices. Il aide les personnes à se sentir davantage en contrôle de leur santé et à être plus autonomes. Il améliore leur

---

30. *Personal health budgets evaluation, PSSRU 2012.*

qualité de vie et leur bien-être psychologique, rendant la relation entre les patients et les professionnels de santé plus équilibrée. Il promeut l'autogestion accompagnée de supports et de conseils. Il améliore l'expérience du soin pour les personnes ayant des besoins complexes, en facilitant l'intégration des services à l'échelle de la personne, et en permettant l'accès à une gamme de services plus large que celle proposée par l'Assurance maladie.

Il a ainsi été démontré que le BSP était bénéfique sur un plan économique, social et médical. L'évaluation a prouvé que les BSP sont coût-efficaces, améliorent la qualité de vie et réduisent les séjours hospitaliers non planifiés.

2. Un plan d'investissement social dans le capital humain en santé

L'accès aux soins n'est pas une garantie suffisante de protection de la santé. Le nouveau modèle comprendra une deuxième jambe quasi absente du modèle actuel concernant le maintien en bonne santé, grâce à l'action sur les déterminants de santé. Les actions sur les déterminants non médicaux et médicaux de santé ont toutes un impact essentiel sur le maintien en bonne santé, et donc sur la soutenabilité du système. Nous avons déjà abordé la question de la syndémie qui aggrave les conséquences de la pandémie de la Covid-19. Le plan d'investissement proposé vise donc aussi à renforcer notre capacité de résistance par rapport aux conséquences sanitaires de ce risque épidémique qui ne disparaîtra pas après la Covid-19.

Il s'agit d'un programme d'investissement sanitaire, social, éducatif et environnemental, faisant évoluer notre politique de santé d'une approche passive, appliquée en aval du risque sur des patients, à une approche active s'appliquant en amont du risque sur des personnes bien portantes. Ce plan d'investissement vise à investir, de façon précoce et continue tout au long du cycle de vie, dans le développement des capacités des individus en santé. Ce concept d'investissement social est lié au principe fondamental qu'il est plus efficace et plus rentable de prévenir, de préparer et d'anticiper les risques sociaux que de les réparer, i.e. de les gérer une fois le risque advenu.

En 2021, sur la base des données du ministère, les dépenses de prévention institutionnelle sont de 6,2 milliards d'euros, soit 2,1 % de la dépense courante de santé, et la consommation de soins et de biens médicaux à visée préventive à 8,3 milliards, soit 2,8 % des dépenses courantes. Les premières sont financées par l'État et les collectivités locales pour 58 %, l'Assurance maladie pour 151 % et le secteur privé pour le reste. Au total, on part donc d'un niveau de dépenses à visée préventive de 14,5 milliards, soit 4,9 % de la dépense courante de santé.

Notre plan d'investissement prévoit d'investir 2 milliards de plus chaque année sur cinq ans dans la prévention institutionnelle pour la porter à 5 % des dépenses courantes de santé en 2026, ce qui placera la France dans la tranche la plus haute des pays développés en dépenses de prévention. L'investissement en soins et biens médicaux à visée préventive sera de 1 milliard d'euros supplémentaire chaque année, conduisant à un niveau de dépenses de 13,3 milliards en 2026. En 2026, les dépenses préventives seront au total de 29,5 milliards, soit 9,1 % des dépenses courantes de santé prévisionnelles.

Au global, ce plan comprend un investissement de 15 milliards en cinq ans, dont 10 milliards que l'on peut qualifier d'investissement social dans le capital humain et 5 milliards dans la prévention médicalisée (tests génomiques des cancers, dépistages, paiement de forfaits de prévention aux médecins, aux chirurgiens-dentistes, etc.).

Ce plan d'investissement sera supporté par les financeurs responsables des politiques publiques impliquées, dont l'État, les collectivités territoriales, l'assurance santé et les entreprises. Nous avions évoqué, par exemple, l'utilisation d'une partie des 10 milliards d'euros d'économies pour les employeurs générées par la suppression des contrats collectifs d'assurance santé pour investir dans la santé au travail.

Une évaluation d'impact médico-économique de ce plan devra être menée chaque année par l'Agence nationale de santé publique. Ce plan d'investissement doit conduire, à terme, à une maîtrise des dépenses de soins, sans rationnement et sans freiner l'arrivée des innovations sur le marché. Prenons l'exemple des cancers et du dentaire. Le risque cancer en France, hors hausse et vieillissement de la population, a augmenté de 6 % pour les hommes et 45 % pour les femmes entre 1990 et 2018. L'investissement social est un levier pour inverser cette tendance et permettre de potentialiser les progrès médicaux avec la baisse du risque. En dentaire, l'Allemagne a démontré que des dépenses accrues de soins conservateurs se traduisaient par une baisse mécanique de soins prothétiques. Malgré une population plus âgée, la quantité d'actes chirurgicaux et prothétiques dentaires est inférieure de 30 % par rapport à la France.

L'investissement dans le capital humain en santé doit améliorer les déterminants non médicaux de santé. C'est la seule façon de maîtriser la spirale inflationniste de la consommation des soins au profit de l'amélioration de la santé de la population par une stratégie préventive efficace.

V
Valoriser la recherche et l'innovation en santé

Le secteur de la santé connaît une vague d'innovations technologiques sans précédent dans l'histoire, résultat d'une convergence initiée dans les années 1980 de technologies qui se sont développées séparément pendant près d'un demi-siècle. Il s'agit de la biotech, de la medtech et de la digital tech.

Cette hyper-révolution dépasse les questions sanitaires et économiques et s'entrechoque avec des enjeux politiques et diplomatiques. La maîtrise de ces technologies sera un déterminant du rapport de force futur entre les États, du soft power. Si l'arme nucléaire a forgé au XXe siècle en partie le rapport de force entre les États dans le monde, le biopouvoir le déterminera en partie au XXIe siècle.

La crise Covid a démontré que notre sécurité et notre liberté dépendaient largement de notre capacité à protéger notre santé. Cette capacité est aujourd'hui dépendante de la maîtrise des innovations technologiques et de leur acceptation par la population.

La France s'est négativement distinguée en étant le seul pays permanent du Conseil de sécurité de l'Organisation des Nations Unies, cénacle des grands pays du XXe siècle, à ne pas avoir mis sur le marché un vaccin anti-Covid la première année de la pandémie.

Même la Chine et la Russie, pays peu réputés pour leur innovation vaccinale ces dernières décennies, ont mis sur le marché leur vaccin. La diplomatie du vaccin joue à plein dans la relation entre les États au cours de cette crise, sans que la France n'ait la place qu'elle pourrait avoir. Cette situation est directement liée au décrochage de la France dans notre capacité à innover en santé.

Si ce décrochage n'est pas inéluctable tant notre pays a des ressources de qualité, il est urgent de redynamiser notre recherche, d'établir un écosystème favorable à l'innovation et attractif pour les innovateurs.

I.
L'innovation résulte d'une recherche dynamique

La capacité d'un pays à innover est étroitement liée au dynamisme de sa recherche. Une analyse objective de la position de la France dans l'innovation, pas seulement médicale, ces deux dernières décennies montre que notre modèle s'essouffle et perd des places par rapport à nos principaux concurrents.

La question budgétaire est prédominante, mais pas suffisante pour expliquer cet essoufflement. Une relance budgétaire de la recherche médicale est nécessaire, mais aussi des évolutions organisationnelles. La création de l'agence de l'innovation en santé, évoquée précédemment, et la création d'une loi de programmation sanitaire participent à la revalorisation de l'innovation en santé.

1. La recherche médicale est à l'image de la recherche en France

L'effort sur la recherche de la France a été sensiblement ralenti, surtout si on le compare à nos principaux concurrents. Avec 2,2 % du PIB investi dans la recherche (publique et privée), la France est en deçà de la moyenne des pays de l'OCDE (2,4 %) et loin des USA (2,7 %), de l'Allemagne (3 %) ou de la Corée du Sud (4,5 %). Les trajectoires budgétaires depuis 2000 de la France et de l'Allemagne expriment bien la différence respective de performance actuelle de nos recherches.

L'Allemagne est passée d'un niveau d'investissement de 2,4 % de PIB à 3 % de 2000 à 2018 et la France de 2,1 % à 2,2 %. Le dernier classement de Boston Consulting Group, paru en avril 2021 sur les 50 entreprises les plus innovantes, dévoile qu'aucune entreprise française ne figure dans le classement. Les douze entreprises européennes les mieux classées sont en majorité allemandes. Ce classement révèle que le mal n'est pas que français mais européen (l'Allemagne et la Suède sont des exceptions). L'Union européenne ne dépense en moyenne que 2 % de son PIB à la recherche en 2017. Ainsi, l'Europe en 2020 possède 29 licornes contre 227 en Chine et 233 aux États-Unis !

Ce classement de 2021 est marqué par l'arrivée en masse des groupes pharmaceutiques – dix sociétés en font partie contre 4 en 2021 et une en 2010 –, Sanofi, qui n'a pas encore lancé de vaccin, n'en fait pas partie.

Si notre recherche est en souffrance en général, notre recherche médicale est en pleine crise. La France s'est elle-même tiré une balle dans le pied en réduisant les crédits publics de recherche et développement pour la santé de 28 % de 2011 à 2018, passant de 3,5 milliards à 2,5 milliards d'euros. La perte d'attractivité de notre écosystème a fait aussi baisser l'investissement privé, passé de 12,5 % du chiffre d'affaires des laboratoires pharmaceutiques en 2008 à 9,8 % en 2017 en France.

Ce désinvestissement dans la recherche a eu naturellement un impact direct sur les conditions de travail des chercheurs qui se sont sensiblement dégradées, à commencer par leur rémunération. Ainsi, un chercheur maître de stage en début de carrière gagnait 2,3 fois le SMIC en 1985 contre 1,5 en 2018. Un jeune chercheur gagne aujourd'hui à peine 1,4 fois le SMIC dans le public. Les efforts faits récemment ne permettront qu'un rattrapage des dernières années et pas une juste valorisation.

À cette paupérisation du métier de chercheur s'ajoute une bureaucratisation croissante de leur activité, qui plombe un peu plus l'attractivité de notre pays pour la recherche. Le système se révèle aussi incapable de différencier, de proposer des rémunérations plus élevées et des offres spécifiques pour les meilleurs, qui font souvent le choix de partir, ce qui tire encore plus vers le bas l'ensemble du système de recherche.

2. Hausse des budgets et restructuration pour relancer la recherche médicale en France

Le premier levier est budgétaire et s'applique à l'ensemble de la recherche française. L'ambition de l'année 2000, non tenue, d'atteindre les 3 % de PIB en France pour les dépenses de recherche et développement doit être tenue au cours du prochain quinquennat de 2022 à 2027. Pour la santé, les crédits publics devront doubler pour atteindre 5 milliards d'euros en 2027.

Ce levier budgétaire est indispensable mais non suffisant pour relancer notre recherche. Nous proposons de repenser les liens et les rôles respectifs des trois instances nationales de recherche que sont l'Agence nationale de recherche (ANR), l'INSERM et le CNRS. L'ANR doit jouer le rôle d'aiguillon pour inciter à financer les projets potentiellement les plus innovants, des « projets à risque », ce que ne peut pas faire l'INSERM. Une fois sa masse salariale (80 % du budget) et les budgets récurrents de ses comités payés, l'INSERM dispose de trop peu de ressources.

L'ANR permet une vision transdisciplinaire indispensable pour lancer des projets innovants en santé publique et en recherche médicale. Son budget initial de 850 millions en 2008 a été diminué à 575 millions en 2016, ce qui a fait chuter le taux de sélection des projets de moitié à 11,5 % sur la période. Cela tue fatalement l'innovation, en réduisant à néant la sélection des projets innovants. Le transfert de budget vers l'INSERM ou le CNRS a été une erreur. Le budget de l'ANR doit augmenter à 1,2 milliard sur le prochain quinquennat, comme il était prévu lors de la création de l'ANR, pour muscler le financement par appel à projets.

L'ANR doit être en effet une base de financement « par projets », offrant la possibilité de se doter d'un pouvoir incitatif pour faire émerger des projets innovants et assurer en ce sens un financement sélectif. Cette ANR « nouvelle version » développera l'attractivité académique en permettant la promotion de projets de recherche sur des thématiques émergentes, à haut potentiel de recherche. Le financement sélectif allégera une évaluation scientifique jugée peu efficace. Cette dernière se fera ex ante, sur la capacité des candidats à obtenir un financement de l'ANR, ce qui réduira sensiblement la bureaucratie.

La base de financement « par projets » de l'ANR devra évoluer selon le modèle du European Research Council (ERC), qui propose un accompagnement des chercheurs selon le dynamisme des carrières. Comme pour l'ERC, l'ANR accordera un « *starting grant* » pour le chercheur novice, un « *consolidator grant* » pour le chercheur sur des sujets à haut « *impact factor* », et un « *advanced grant* » pour un chercheur avancé. Dans ce dernier cas, le chercheur aura la possibilité de travailler sur des thématiques plus spécifiques, pas forcément en lien avec une thématique majeure, et les exigences seront plus souples, du fait des carrières avancées. La renommée du chercheur aura plus de poids que le projet pour accorder un financement.

La répartition des rôles entre l'ANR et l'INSERM sera clarifiée. L'INSERM sera en charge de la gestion (financement et sélection) du personnel scientifique pour éviter notamment la précarité des carrières et l'ANR du financement des projets. L'ANR sera responsable de l'évaluation des chercheurs dont la capacité à trouver du financement fera office de juge de paix, comme c'est le cas aux États-Unis avec le National Institute of Health (NIH). Le Haut conseil de l'évaluation de la recherche et de l'enseignement supérieur (HCERS) sera détaché de cette évaluation et se concentrera sur des travaux de prospective et d'évaluation plus globale des travaux de recherche.

3. Un pôle international d'excellence académique en recherche et en formation en santé

L'idée est de réunir un pôle d'excellence interdisciplinaire de recherche et de formation en santé. Des compétences de très haut niveau seront réunies sur un même lieu pour bâtir une chaire d'excellence académique de réputation mondiale en recherche et en formation de santé. Elle pourra regrouper des compétences d'une faculté de médecine, d'une école d'ingénieur (X ou une autre), des structures de recherche (Indria, Pasteur, INSERM), des sciences sociales, de l'école de Rennes, etc. Elle réunirait les sciences humaines et sociales et les sciences dites dures, pour notamment exploiter au mieux le numérique et l'intelligence artificielle en santé. La crise Covid a montré, par exemple, l'importance de la modélisation mathématique dans la gestion de crise.

Ce pôle formera entre autres des corps d'experts en santé publique (inspecteurs d'actions sanitaires, pharmaciens et médecins inspecteurs), des dirigeants d'établissements hospitaliers, etc. Il fournira la réserve des experts scientifiques de haut niveau dans les nouvelles technologies dont les territoires de santé et les instances ont besoin (IA, robots, statistiques, médecine personnalisée). Il sera aussi un lieu de formation pour des professionnels de santé publique de terrain, qui ont largement manqué en France dans la lutte contre la Covid. Il faut compléter la technologie par l'humain.

Il faudra développer un vivier de professionnels de santé publique territoriaux, afin de permettre aux collectivités territoriales de disposer d'un personnel qualifié pour gérer les missions de santé publique courantes et les crises sanitaires. Les pays asiatiques étaient mieux préparés que les pays occidentaux à la crise Covid, en partie grâce à leur personnel de terrain en santé publique qui a permis de faire quasiment du porte-à-porte dans la gestion quotidienne de la crise. Le nombre de fonctionnaires de santé publique augmentera dans le nouveau modèle, tandis que les fonctionnaires dédiés à l'administration dans les multiples agences diminueront.

Outre la gestion de crise, cette ressource humaine sera très précieuse pour assurer les missions de prévention, de maintien en bonne santé confiées aux collectivités territoriales en première partie. Ce pôle en recherche et enseignement aura vocation à fournir à la France les deux niveaux de ressources dont la crise a révélé le manque, et qui sont complémentaires en santé publique : la recherche de haut niveau pour modéliser et accompagner la décision en santé publique à partir d'une maîtrise des meilleures technologies, complétée par une ressource de terrain au contact de la population, capable de s'adapter à la diversité des territoires et des situations sociales.

Le statut de ce pôle pourrait s'inspirer de celui des Instituts hospitalo-universitaires (IHU) en recherche médicale. Doté d'un statut de fondation, chaque IHU associe une université, un établissement de santé et des établissements de recherche. Chaque IHU a bénéficié d'une dotation (une enveloppe de 850 millions d'euros des investissements d'avenir) pour réaliser des investissements immédiats et soutenir son fonctionnement dans la durée. Certaines grandes écoles françaises comme HEC ou l'INSEAD peuvent aussi être une source d'inspiration. Ce pôle d'excellence, comme nous allons le voir, associera aussi l'industrie.

II.
L'innovation résulte d'un écosystème favorable

La mise en place d'un écosystème favorable à l'innovation en santé vise à relancer la recherche publique et privée, comme évoqué précédemment, mais aussi à faire de la France une terre d'accueil pour tout potentiel d'innovation. Il y a un double objectif, interne et externe : dynamiser le potentiel interne à la France et maximiser la capacité d'attraction du territoire français pour des initiatives étrangères à potentiel innovant.

1. Mettre en symbiose la recherche publique et les industries de santé

Le pôle d'excellence de la recherche et de la formation en santé évoqué précédemment sera en symbiose avec la recherche et le développement du secteur privé. L'innovation pharmaceutique est un processus par lequel les découvertes scientifiques capables de résoudre un problème clinique sont amenées du cadre expérimental à celui de la mise en œuvre clinique.

Le secteur pharmaceutique connaît une transition technologique spectaculaire, passant d'une sélection aléatoire de produits chimiques à une conception reposant sur la compréhension d'un processus biologique. Si les premiers sont relativement faciles à produire, les seconds – extraits, semi-synthétisés ou fabriqués dans des organismes vivants – sont beaucoup plus complexes à produire. Cette évolution technologique change le modèle économique de l'industrie pharmaceutique et le type d'acteurs capables d'innover.

Le modèle économique passera d'un modèle blockbuster (médicaments à large public) à des médicaments niche-busters (destinés à des marchés plus réduits), plus complexes et technologiques. L'autre changement de paradigme sera la promesse de changement en une prise ou une cure, contre un traitement qui durait avant toute la vie du patient, ce qui nécessite un suivi en vie réelle pour vérifier son efficacité.

Le secteur pharmaceutique a été dominé jusque dans les années 2010 par quelques grandes multinationales qui maîtrisaient la chaîne de valeur de la recherche à la distribution. L'innovation dans les biotechnologies va désormais se faire de façon grandissante dans des petites entreprises, en particulier des spin-off universitaires. C'est un changement radical dans l'écosystème de l'innovation pharmaceutique, aussi bien que son organisation et son financement. L'innovation repose essentiellement sur la recherche universitaire et les spin-off universitaires. La connaissance en biotechnologie se trouve surtout dans les laboratoires académiques.

Le cas des vaccins à ARN messager illustre bien ce phénomène de création de start-ups à proximité de centres de recherche fondamentale et qui ont bénéficié d'un écosystème favorable. Moderna a été créé par un biologiste de Harvard pour commercialiser ses recherches sur les cellules souches et a bénéficié de l'écosystème de Boston. L'entreprise BioInTech a été fondée par trois chercheurs en Allemagne en 2008, et continue de se développer à proximité de centres de recherches et d'hôpitaux universitaires en Allemagne (Mayence, Munich) et aux États-Unis (San Diego, Cambridge).

La France est aujourd'hui en perte de vitesse dans les biotechnologies et la génomique, au cœur de l'innovation médicale, non pas parce qu'elle manque de talents mais parce qu'il manque cet écosystème, ce continuum fluide de la recherche publique à l'accès au marché. Ce pôle académique aura vocation à créer cet écosystème. Il favorisera le passage de la recherche fondamentale à la recherche appliquée, en rendant les interactions entre le monde universitaire et celui des entreprises plus faciles.

L'étape suivante sera le financement de ces start-ups, autre faille française. 72 % des biotechs françaises recherchaient des fonds en France en 2019. Le marché du capital-risque n'est pas la seule solution, car le modèle financier des biotechs est spécifique. Le capital initial est très élevé, la durée de développement est longue (plus de 10 ans) et le risque d'échec très haut (>95 %). La solution passe par le financement par des fonds financiers nationaux, qui peuvent supporter un tel modèle. Alors que les biotechs françaises sont financées par ce type de fonds à hauteur de 11 % de leur capital, il est de 82 % aux États-Unis. La mise en place d'un tel financement pourra être incitée et structurée par l'agence de l'innovation avec des opérateurs bancaires à définir.

Une fois cet écosystème en place, il faut anticiper l'arrivée des innovations. Pour cela, l'agence devra utiliser le programme « d'analyse de l'horizon » (*horizon scanning*) déjà utilisé, entre autres, par l'agence anglaise Nice (National Institute for health and Care Excellence). Cela consiste à s'informer sur les produits en cours de développement et de production par l'industrie pharmaceutique, ainsi que sur ceux qui ont déjà entamé une procédure de mise sur le marché auprès de l'Agence européenne du médicament (EMA). De cette manière, la France se donne la possibilité de planifier et réaliser des évaluations technologiques en temps utile, pour faire des choix et développer les plus prometteuses.

Pour un Airbus de l'ARN messager ou l'ébauche d'une filière de l'ingénierie du vivant

Avec un tel écosystème suggéré supra, la France aurait probablement sélectionné l'ARN messager comme une technologie prioritaire, et plusieurs sociétés de biotechnologies auraient développé un savoir-faire. Bien que pionnière dans l'ingénierie du vivant dans les années 1970, avec la découverte de l'ARN messager en 1961 par Jacques Monod et François Jacob, la France n'a pas investi dans cette filière pour en faire un secteur d'excellence. Les enjeux sanitaires, économiques et géopolitiques sont si importants qu'il faut combler ce retard sur les cinq prochaines années.

En effet, si le retard pris dans le digital avec les grandes plateformes d'information et de e-commerce américaines et chinoises n'est pas comblable, la France et l'Europe ont encore une chance d'être parmi les leaders de l'ingénierie du vivant. La France dispose d'entrepreneurs et de chercheurs dans ce secteur qui sont parmi les meilleurs du monde, même certains sont partis exercer leur talent à l'étranger. L'émergence des vaccins à ARN messager a été un sérieux coup porté à notre fierté nationale. Elle a révélé qu'aucune société de biotech française ne travaillait sur cette technologie.

Un Airbus européen de l'ARN messager – qui serait un projet industriel réunissant un consortium d'entreprises européennes dédié à la recherche, au développement et à la bioproduction d'ARN messager – devrait être créé à l'initiative de la France. Un site de bioproduction de vaccins à ARN messager est largement à la portée de la France. S'appuyant sur un partenariat public-privé, ce grand pôle biotechnologique autour de l'ARN messager aurait vocation, à terme, à agréger un ensemble de chercheurs académiques, de société de biotechnologies et d'industriels et devenir ainsi un leader dans cette filière de l'ARN messager.

La France n'a cessé de décrocher depuis quinze ans dans la production pharmaceutique, passant de la première place européenne en 2008 à la quatrième place aujourd'hui. La France produit principalement des médicaments lancés il y a plus de dix ans ; 85 % des sites de production sont dédiés à des médicaments à base chimique. Cet Airbus serait l'amorce d'un grand plan de reconversion industrielle de la base de production pharmaceutique vers les biotechnologies.

Cette technologie de l'ARN messager sera probablement au cœur de l'innovation médicale des deux prochaines décennies. Avec la Covid, la preuve a été apportée que la technologie est sûre et efficace pour la vaccination. La lutte contre la Covid-19 a démontré que les pays producteurs de vaccins, dont le Royaume-Uni et les États-Unis, sont ceux dont la population s'est vaccinée le plus rapidement. Une production locale est une aide précieuse pour vacciner vite. La France, comme d'autres pays européens, a été contrainte de gérer la pénurie de doses pendant plusieurs mois.

Sur un plan sanitaire, c'est la garantie que les citoyens français et européens seront parmi les premiers à avoir accès aux produits de santé les plus innovants. Sur le plan politique, c'est garantir notre indépendance sanitaire et c'est renforcer la place de notre pays et de notre continent dans la diplomatie internationale. C'est, enfin, à la hauteur des valeurs de notre civilisation d'être pionnier dans l'amélioration de la condition humaine, du bien-être des individus.

2. Simplifier l'environnement réglementaire des essais cliniques

Les essais cliniques représentent une étape cruciale après la recherche en laboratoire et avant la commercialisation. Ils sont des sources d'émergence de start-ups dédiées et des opportunités médicales élevées. Pour les patients, les essais cliniques permettent un accès précoce à des traitements innovants. Pour les professionnels de santé, ils sont l'occasion de rester à la pointe de l'innovation et de nourrir leurs recherches. Les données générées par ces essais sont importantes pour évaluer l'intérêt de ces nouvelles thérapies.

Pour un essai clinique, il faut une autorisation de l'Agence nationale de sécurité du médicament (ANSM), garantissant la sécurité des personnes engagées, la méthodologie et la qualité des produits utilisés, ainsi qu'un avis favorable d'un Comité de protection des personnes (CPP) qui s'assure de la pertinence de la recherche et de la protection des personnes qui se prêtent à l'essai.

Si l'encadrement réglementaire doit être strict pour protéger les patients, le système français éloigne la France des pratiques mondiales. Plus des deux tiers des essais cliniques menés par les *health tech* françaises le sont à l'étranger, contre environ 10 % pour les sociétés innovantes américaines. L'ANSM et le Comité de protection des personnes disposent tous les deux de 60 jours pour donner leur avis, ce qui peut conduire à un délai de 120 jours. Dans d'autres pays comme la Belgique, les délais sont inférieurs à un mois. L'usage d'un portail européen devrait harmoniser les délais dans les pays membres de l'Union européenne, ce qui devrait arriver avec un nouveau règlement européen.

La constitution des collèges d'experts du Comité de protection des personnes est problématique avec la loi Jardé, qui a fait évoluer un système régionalisé vers un système national avec tirage au sort pour la répartition des dossiers. Ce système est nuisible à la bonne répartition des compétences scientifiques. Ainsi, des dossiers concernant des innovations disruptives sont rejetés par mesure de précaution, du fait d'un manque de compréhension de ces innovations.

Il faut revoir cette loi pour assurer une juste répartition des compétences sur les dossiers. Le principe de précaution instauré dans la Constitution française est jugé comme une cause de la fuite des essais cliniques vers d'autres pays comme le Royaume-Uni, la Belgique et l'Allemagne. La place de la CNIL est aussi à reconsidérer. Individuellement, un essai clinique n'est pas vraiment éthique sachant qu'un malade sur deux va avoir le bon traitement.

Il est nécessaire d'ajuster les procédures des essais cliniques en France de façon à être aussi compétitif que la Belgique. Il faut simplifier les procédures comme la lettre de consentement et raccourcir les délais. Les entreprises de biotechnologie belges cotées en Bourse représentent

24 % de la valeur boursière totale des sociétés de biotechnologie en Europe.

3. Faciliter l'accès au marché de l'innovation

L'accès au marché en France est inutilement plus long et plus complexe que nombre de pays comparables, ce qui participe à la perte de compétitivité de notre système de santé et de notre industrie pharmaceutique, les deux allant de pair. Le risque de décrochage définitif de notre industrie de santé est couplé avec le risque de décrochage de notre système de santé. La force de ce dernier au XXe siècle était en partie liée à la force de la première. Une industrie de santé forte est une condition nécessaire mais non suffisante pour disposer d'un système de santé efficace comme le montrent les États-Unis. La France se doit de disposer d'une industrie de santé puissante pour réarmer son système de santé au bénéfice de sa population, de ses emplois et de sa compétitivité avec un pays comme l'Allemagne.

Revoir les critères d'évaluation et de tarification des médicaments

Outre l'organisation en silo de la procédure actuelle d'évaluation des produits de santé, les critères d'évaluation utilisés sont largement reconnus comme étant obsolètes, en particulier pour l'évaluation des innovations en biotechnologie. La distinction entre les critères utilisés pour estimer le Service médical rendu (SMR) et l'Amélioration du service médical rendu (ASMR), l'un étant supposé un critère absolu et l'autre un critère comparatif est largement théorique. Les éléments qui caractérisent le médicament de manière absolue – sa visée et la maladie qu'il traite – sont peu discriminants.

Au-delà de la terminologie (SMR-ASMR) qui est déjà source de confusion, les deux évaluations se recoupent aujourd'hui. Plutôt qu'une réflexion générale sur la refonte du système d'évaluation, les pouvoirs publics ont multiplié les outils (ATU, liste en sus, fonds d'innovation, système plafonné (W...)), pour permettre la mise sur le marché des nouveaux produits, sans cohérence globale.

Le nouveau modèle devra disposer d'un système d'évaluation médicale et médico-économique adapté aux produits de biotechnologie, sans avoir recours à des contorsions du système principal. Pour cela, il faut remettre à jour les critères d'évaluation des grandes ères thérapeutiques pour garantir un accès au marché le plus rapide possible. En oncologie, par exemple, la France utilise encore le temps de survie, ce qui nécessite d'attendre plusieurs années, alors que les critères d'évaluation de la maladie résiduelle sont fiables et permettent d'aller plus vite. Plusieurs travaux au sein de la HAS ont recommandé, de façon consensuelle, l'instauration d'un nouvel indicateur d'évaluation qui mesure la valeur thérapeutique ajoutée du médicament, appelé par l'agence

ITR (Intérêt thérapeutique relatif). Sachant que cette évaluation médicale se fera de plus en plus au niveau européen, la France devrait instaurer des indicateurs compatibles avec ceux de l'agence européenne.

Si un cadre européen est souhaitable et possible pour l'évaluation médico-économique des produits de santé et leur impact sur la tarification, la souveraineté nationale en la matière restera durable. Les budgets sont nationaux et la diversité culturelle entre les pays européens reste forte. La tarification doit s'appuyer sur l'intérêt médical et l'impact médico-économique du médicament, indépendamment de l'impact économique du laboratoire qui l'a produit.

Il existe un biais majeur actuellement à intégrer les investissements en recherche et développement, en production des laboratoires dans la tarification des molécules. Si on veut fixer un juste prix aux innovations, seules ses valeurs ajoutées médicale et médico-économique seront considérées dans le nouveau modèle. Les incitations économiques pour développer la recherche et le développement et la production de produits de santé en France font partie de l'écosystème évoqué précédemment, pas de la tarification des produits.

La tarification des médicaments les plus innovants pourrait s'inspirer du modèle allemand, qui permet un lancement dès l'autorisation de mise sur le marché acquise à un prix libre, puis à un prix négocié, ensuite selon un processus encadré. Le prix de lancement provisoire pourrait être défini à partir d'un prix indicatif européen la première année, réajusté ensuite après négociation avec le laboratoire à la hausse ou la baisse. Le nouveau prix pourrait dépendre de données collectées en vie réelle la première année, que le laboratoire se devrait de fournir aux autorités.

Pas d'évaluation performante sans expertise de haut niveau sur les innovations

Pour être performant dans l'évaluation des produits de santé en général et des innovations médicales disruptives en particulier, il faut disposer des meilleurs experts. Si la France ne manque pas de talents, la législation en place depuis la loi du 29 décembre 2011 a largement asséché le vivier d'experts scientifiques de haut niveau capables de participer à des commissions d'expertise. L'Agence nationale de sécurité du médicament a, par exemple, manqué d'experts dans l'évaluation des nouvelles thérapies contre le cancer telles que le CAR-T cells et l'immunothérapie.

Ce phénomène s'est propagé aux autres agences sanitaires, affaiblissant leur capacité à exercer efficacement leurs missions. Sans expertise médicale de haut niveau, le système d'évaluation est défaillant dans sa capacité à correctement évaluer et à respecter les délais. Sous la pression de l'opinion publique suite aux scandales sanitaires des années 2000, les pouvoirs publics ont préféré envoyer des messages forts à la population en mettant en place un système de gestion des conflits d'intérêts qui « *lave plus blanc que blanc* » que de rechercher un juste équilibre. La situation actuelle est une impasse et même une forme de schizophrénie dans les relations agences-experts-laboratoires.

La solution d'équilibre entre une vigilance optimale sur les conflits d'intérêts dans les évaluations et la conservation d'un vivier d'experts suffisant existe et fera partie du nouveau modèle. Il faudra mettre en place deux collèges d'experts. Le premier sera constitué d'experts scientifiques de haut niveau indépendants, sans lien d'intérêt avec l'industrie pharmaceutique et rémunérés par l'agence à un juste niveau. Ce panel d'experts couvrira l'ensemble des besoins thérapeutiques et des technologies existantes et à venir. Un second collège d'experts scientifiques non indépendants (avec des liens d'intérêt) persistera pour participer aux expertises lorsque leur compétence sera jugée utile sur un dossier, mais ces experts ne prendront pas part aux décisions finales. Seule la Commission des experts indépendants prendra les décisions.

Faciliter l'accès à la médecine personnalisée et prédictive : exemple en cancérologie

La plupart des cancers apparaissent suite à des modifications de l'ADN, provoquant une prolifération anarchique des cellules tumorales qui vont former une tumeur et envahir les tissus environnants. Grâce au séquençage génomique, un « portrait-robot » de la tumeur est réalisé en identifiant les altérations génomiques qui la caractérisent et sont associées au développement de la tumeur. Cette signature génomique de la tumeur va permettre d'affiner la proposition thérapeutique vers des traitements ciblés plus efficients.

L'émergence de cette médecine personnalisée révolutionne la prise en charge des patients, mais aussi la régulation et le financement des innovations. Le diagnostic réalisé ici par l'intermédiaire du séquençage génomique est crucial pour une prise en charge efficiente. Il doit donc être traité avec la même importance que le traitement et accessible à tous, ce qui n'est pas le cas dans le modèle actuel.

Il existe un risque de rupture d'équité en France entre les patients pouvant avoir accès aux traitements personnalisés et les autres. Les tests de séquençage génomique nouvelle génération sont remboursés à moins de 50 % actuellement, laissant un reste à charge important aux établissements de santé. Ce reste à charge tend à orienter les prescripteurs vers des actes moins innovants mais entièrement remboursés, au détriment de la qualité de la prise en charge des patients.

Si le séquençage génomique est à intégrer dans le parcours des soins des patients atteints de cancers dus à des altérations génomiques que l'on sait identifier (cas des cancers bronchiques non à petites cellules, des cancers de la prostate, des cancers de l'ovaire, par exemple), leur prescription doit être médicalement encadrée. L'équipe de soins désignée dans le contrat thérapeutique évoqué précédemment sera responsable de ce choix de prescription, réalisé collectivement dans une réunion de concertation pluridisciplinaire.

Cette médecine personnalisée et prédictive nécessite le recueil de données de qualité, longitudinales reconnues et robustes en vie réelle, afin d'améliorer l'évaluation et l'usage de ces innovations thérapeutiques. C'est l'intérêt de l'ensemble des acteurs de bénéficier de ces données, qui permettent également d'avoir une vision dynamique et évolutive des prix de ces thérapies. Ceci répond à un enjeu essentiel de faire aboutir la numérisation de notre système de santé.

Pour une conférence de consensus récurrente sur la mise à jour des nomenclatures des produits de santé remboursés

Le cas de la médecine personnalisée avec les tests génomiques atteste un mal récurrent du modèle actuel concernant l'incapacité de mettre à jour dans un temps raisonnable les nomenclatures des produits remboursés par la Sécurité sociale, ce qui représente un frein substantiel et évitable à l'innovation. Ces tests font partie du référentiel des actes innovants hors nomenclature (RIHN), dont les actes inscrits sont censés être évalués tous les trois ans et inscrits, si reconnus, à la nomenclature (NABM/CCAM). En réalité, les inscriptions sont rares et les délais très longs. En quatre ans, seuls trois actes sont passés dans la nomenclature des actes de biologie médicale.

De façon générale, le système actuel se montre peu performant pour rembourser à sa juste valeur les prestations de santé dans les trois secteurs du soin et pour intégrer dans un temps raisonnable les innovations technologiques dans le panier des prestations remboursables. Il fonctionne comme une boîte noire générant de la défiance. Il est nuisible à la productivité des professionnels et à la pertinence des soins et des actions en faveur de la santé.

Afin de garantir une gestion dynamique des paniers remboursés de soins et d'actions en faveur de la santé, prenant en compte l'évolution des techniques et des pratiques reconnues par les sociétés savantes, une conférence de consensus nationale annuelle ou bisannuelle réunissant les représentants des professionnels de santé, des politiques, des patients et des financeurs pour mettre à jour les prestations et les tarifs des actes remboursés par la Sécurité sociale est une nécessite.

4. Pour un vrai droit à l'expérimentation d'innovations organisationnelles de terrain

L'innovation organisationnelle vient la plupart du temps suite à une initiative d'un professionnel ou d'un groupe de professionnels à l'esprit entrepreneurial et innovant, qui importent des pratiques qu'ils ont vues à l'étranger, consultées dans la littérature ou mises au point par eux-mêmes. La lourdeur administrative du système actuel freine considérablement la mise en place de ces expérimentations, sans parler de leur large diffusion quand elles ont démontré leurs bénéfices.

Le droit à l'expérimentation a bien été créé à travers l'article 51 de la loi de financement de la Sécurité sociale de 2018, mais que ce soit le choix des expérimentations ou leur financement, dans la pratique, ces expérimentations doivent coller aux choix des pouvoirs publics, souvent à ce qui se fait déjà, ce qui est l'antithèse de l'innovation disruptive. Une autre faille du dispositif est l'absence de véritable évaluation des expérimentations lancées, ce qui rend difficile la pérennisation des financements.

Un droit à l'expérimentation est à instaurer juridiquement pour les innovations organisationnelles et les pratiques professionnelles. Il garantira aux initiateurs que leur expérimentation sera évaluée de façon objective et sérieuse et, en cas de succès, sera diffusée nationalement, ou au moins pérennisée localement.

III.
La digitalisation de la santé

La révolution digitale des années 1990 a été une occasion manquée pour notre système de santé d'augmenter la capacité des citoyens de s'impliquer davantage dans la gestion de leur capital santé en étant mieux sensibilisés, mieux informés et mieux éduqués aux questions de santé. Il suffit de consulter le site de l'assurance santé pour constater que le grand portail d'accès à la meilleure information santé est toujours dans les cartons des pouvoirs publics.

La révolution digitale aurait aussi dû permettre aux hôpitaux de réaliser un saut qualitatif formidable dans l'amélioration de la relation avec les patients grâce à une communication digitale facilitée avant, pendant et après un séjour. L'amélioration des conditions de travail à l'hôpital générée par l'Internet aurait dû augmenter l'attractivité des établissements de soins, diminuer la pénibilité du travail, démultiplier les capacités de formation du personnel soignant, diminuer les postes administratifs au profit des postes soignants.

Si on considère le potentiel d'innovation apporté par la convergence du digital avec les biotechnologies, les nanotechnologies et les sciences cognitives, en marche depuis le début des années 2000, on se dit que la France doit être la terre d'accueil des grandes innovations médicales, tant notre pays est doté de talents et d'une culture dans tous ces domaines. On a vu précédemment que c'était malheureusement la grande panne de ce côté-là aussi.

On pourrait continuer à se faire un peu plus mal en parlant de l'usage du digital dans la gestion de la pandémie en France, pour laquelle le manque d'anticipation, de réactivité et de fluidité a caractérisé la plupart des étapes de gestion de la crise (masques, tests, contact tracing, confinement individuel, vaccination).

Encore en 2021, la réponse est principalement budgétaire, avec un apport de 2 milliards d'euros dans le Ségur de la Santé pour le énième plan numérique dont on ne connaît ni le contenu, ni le fléchage des investissements. Il n'y a toujours pas de stratégie digitale, mais le lancement de multiples projets digitaux pour afficher un plan digital qui est un canard sans tête.

La responsabilité est largement collective et guidée par les peurs de chaque partie prenante. Le médecin a peur de perdre des patients si la télémédecine se généralise, ainsi qu'une partie de ses actes au profit des paramédicaux si ces derniers deviennent capables d'exécuter des tâches qui leur étaient jusque-là exclusives. Les citoyens patients ont peur que leurs données médicales soient mal protégées ou marchandisées. Les assureurs craignent que la fin de l'opacité de leurs contrats et la capacité des assurés à faire des choix plus éclairés nuisent à la profitabilité de leur secteur…

En effet, le digital fait partie des technologies disruptives[31]. Comme toute innovation disruptive, le digital offre une solution qui est plus accessible et simplificatrice, moins chère et qui bouleverse le paysage compétitif et le système économique d'une sphère donnée. La diffusion massive du digital fait imploser le système en place. Pour que cela soit possible et que chaque partie prenante se projette dans ce nouveau monde, il faut l'anticiper, le structurer et l'expliquer.

Une stratégie numérique inscrite dans un écosystème adapté

Le retard de la numérisation de la santé a comme point commun avec l'innovation médicale abordée précédemment, de ne pas avoir le bon écosystème pour prendre son envol. L'échec du dossier médical partagé est révélateur de cette absence d'écosystème. Les technologies existent, mais l'implication des soignants et des soignés n'a pas fait l'objet d'un plan d'actions à la hauteur des actions.

31. Étymologiquement, le disruptif « sert à rompre, à briser en morceaux, à faire éclater ».

L'intégration massive du numérique dans notre système de santé se fera en parallèle de la mise en place du nouveau modèle de santé. Ainsi, la structuration des parcours des soins des patients chroniques se fera autour d'une plateforme numérique qui sera pilotée par l'assistant digital prévu dans le plan. L'évaluation médico-économique du parcours sera réalisée grâce au digital, et des algorithmes d'intelligence artificielle pourront vraisemblablement améliorer en continu la qualité du parcours au bénéfice des patients, des soignants et de l'assurance santé.

Le digital, levier en santé publique

Outre le digital dans l'organisation des soins, sa diffusion dans la santé publique est cruciale. Nous citerons deux applications à développer rapidement dans le nouveau modèle.

Il faut concevoir un atlas santé en France, comme le Dartmouth Atlas aux États-Unis et le NHS Atlas au Royaume-Uni. Cet atlas permet d'identifier les problèmes de santé, les variations d'activité de l'offre de santé et les résultats obtenus par rapport aux objectifs fixés. Il se constitue par la collecte de données complétée par des enquêtes socio-sanitaires et épidémiologiques.

Il permet d'identifier les meilleures organisations et pratiques à l'échelle d'un territoire de santé. Par les informations livrées, cet atlas incite à améliorer les parcours, les réseaux, les programmes afin de réduire les inégalités territoriales d'organisation et de pratiques médicales. Le potentiel de gain d'efficience généré par l'amélioration de l'organisation et des pratiques est immense. Il a été chiffré au Royaume-Uni à 40 % d'économies des dépenses de santé consacrées aux assurés de 65 ans et plus atteints de pathologies chroniques[32].

Une deuxième application du digital en santé publique est la conception d'un grand site internet public de connaissance en santé, comme le *National Library for Health* au Royaume-Uni et le *Health knowledge* aux États-Unis. Notre système informatique national est en capacité de sélectionner les bons articles scientifiques parmi les millions qui sont produits tous les ans et de les rendre publics sur un site internet. C'est une bibliothèque et un service public d'information et d'éducation pour les usagers, les étudiants, les professionnels de santé et les décideurs. Un tel site facilite la prise de décision pour tous les acteurs.

Nouveaux usages, nouvelles frontières et nouvelle régulation

Le digital, l'intelligence artificielle comme l'ingénierie du vivant posent des questions éthiques qu'il convient de réguler, pour permettre à la fois d'exploiter tout potentiel des technologies et de conserver

32. J. E. Wennberg. "Time to tackle unwarranted variations in practice". *British medical journal*, 342. 687-690.2011.

les usages dans un cadre acceptable pour la société, cadre de régulation.

L'avènement de l'intelligence artificielle, des algorithmes d'apprentissage (automatique et profond) et de l'Internet des objets présage d'une médecine 4.0, où la machine prendra une place plus grande dans la démarche diagnostique, thérapeutique et même préventive, sans remettre en cause la présence humaine.

Le concept d'*autonomie solidaire* est un bon socle pour déterminer les futures règles d'éthique qui permettent de gérer la confrontation entre la bioéthique et le biopouvoir (risque d'une emprise de la technique sur la vie). Plusieurs formes d'éthiques apparaissent si on considère les données, les algorithmes et les pratiques. Il faudra envisager pour chacune et ensemble leur traduction juridique. Un Comité pluridisciplinaire à l'échelle européenne, dans un référentiel éthique à portée universelle, pourrait élaborer ce cadre juridique, qui devra être évolutif en fonction des progrès des technologies. Pour les professionnels médecins, un Code de e-déontologie sera probablement nécessaire.

Conclusion

L'*autonomie solidaire* est bien le fondement conceptuel de ce nouveau modèle de santé, qui permet de faire vivre ses principaux piliers que sont l'approche holistique de la santé, la gestion à partir de la demande et la démocratisation de la santé. Cet oxymore a une assise culturelle et intellectuelle forte. Il prend ses racines dans l'esprit des Lumières, le solidarisme, la justice sociale, les capabilités, le capital humain, la croissance endogène et l'économie de l'innovation. Il répond aux principaux enjeux contemporains de la protection sociale et peut ainsi refondre l'ensemble de notre modèle social.

Cette autonomie n'est pas un repli sur soi, mais « *un respect pour l'humanité* », comme le disait Rousseau. Le principe de dignité est au cœur de cette nouvelle étape de la protection sociale. Alors que les révolutions industrielles avaient quelque peu brisé l'élan humaniste du siècle des Lumières, le nouveau modèle social participe à le relancer.

L'*autonomie solidaire* comme principe de protection sociale illustre le fait que la nouvelle sécurité (sociale) à garantir pour les individus – en complément des sécurités existantes – est celle qui maximise les chances d'exploiter pleinement ses capacités individuelles, de réussir son développement personnel à partir de ses propres choix. Le principe inscrit dans le préambule de la Constitution (article 11) du «*droit d'obtenir de la collectivité des moyens convenables d'existence*» pourrait évoluer vers «*un droit d'obtenir de la collectivité les capacités de réussir pleinement son développement personnel selon ses choix et ses aspirations*».

L'*autonomie solidaire* vient aussi compléter les ordonnances d'octobre 1945 à la base de la Sécurité sociale. Elle sous-tend un nouveau modèle qui dépasse les principes d'allocations sociales, de salaires différés ou de remplacement de revenus pour aller vers la mobilité sociale, la dignité et l'autonomie économique et sociale pour tous. Elle accompagne l'éclosion d'une société d'individus qui remplace une société de statuts.

*

* *

Après avoir construit le meilleur système de soins au XXe siècle, la France peut-elle construire le meilleur système de santé au XXIe siècle ? L'enjeu est considérable si on aborde la santé dans tout son champ social, médical, économique, géopolitique et même civilisationnel.

Ce nouveau modèle est une formidable espérance, bien au-delà du monde de la santé. Il génère trois bénéfices stratégiques que le système actuel ne peut plus produire : du **bien-être social** pour tous, une **démocratisation de la santé** et une **source de prospérité économique**.

Nous avons fait basculer la gestion du risque maladie de l'aval vers l'amont, du moment de la maladie vers le début de la vie des individus, du soin vers le maintien en bonne santé. L'État est réarmé dans sa capacité à établir une vision stratégique de long terme et une évaluation régulière de sa politique. Il fait voter une loi de programmation sanitaire à cinq ans, comprenant des objectifs précis et une stratégie de santé publique. Il dispose d'une Agence nationale de santé publique intégrée, d'une administration restructurée pour être efficiente et d'un poids politique du ministère de la Santé équivalent à un ministère régalien.

L'État décentralise aux collectivités territoriales la responsabilité opérationnelle de plusieurs missions de santé publique, du fait de leur plus grande efficacité pour les mettre en œuvre. Il délègue à l'assurance santé le pilotage des professionnels de santé qui gèrent les besoins de santé des usagers à partir des territoires de santé. Les professionnels de santé ont une responsabilité populationnelle de santé dans ces territoires. On passe d'un service public hospitalier à un service public territorial de santé, délivré par les acteurs publics et privés. Un plan d'investissement social en santé de

10 milliards d'euros sur cinq ans, complété par un plan de 5 milliards d'euros dans la prévention médicalisée, apporte les moyens nécessaires pour renforcer la santé publique. L'objectif national de dépenses d'assurance santé prend en compte distinctement les dépenses en santé publique. Une réallocation des ressources, qui passe par une diversification des modes de paiement, garantit une revalorisation durable et juste de la rémunération des soignants.

La deuxième avancée est la **démocratisation de la santé**, qui s'appuie aussi sur notre concept d'*autonomie solidaire*. Cette société solidaire de la responsabilité en santé est conçue à partir d'une institution qui structure la vie démocratique du système, l'assurance santé, et sur une approche contractuelle entre la plupart des composantes du modèle. Le nouveau modèle fait renaître un projet politique autour de la branche santé de la Sécurité sociale, qui devient le payeur assurantiel unique d'une grande partie des prestations. On définit un contrat thérapeutique pour les patients souffrant de pathologies chroniques, un contrat d'obligation de services pour le personnel médical hospitalier, des contrats pluriannuels d'objectifs et de moyens entre l'État et l'assurance santé, entre cette dernière et l'ensemble des institutions décentralisées qui pilotent le système.

Cette contractualisation est un levier essentiel pour rétablir la confiance entre les acteurs et les responsabiliser dans un esprit d'*autonomie solidaire*. Elle est accompagnée d'une démocratisation des institutions qui gouvernent le système. Les usagers et les patients acquièrent un réel statut pour professionnaliser, reconnaître et rétribuer à leur juste valeur les missions qu'ils remplissent que ce soit en tant que représentant, formateur, pair-aidant ou médiateur de santé. Ils seront reconnus comme des professionnels de santé à part entière et seront formés dans les départements de patients présents dans chaque université de médecine.

La troisième avancée est de faire de la santé en France une **source de prospérité économique** en relançant la recherche médicale et en considérant l'innovation technologique comme un objectif stratégique en santé. La France doit revenir proche de la frontière technologique en santé dans les cinq prochaines années. L'organisation de la recherche a été repensée entre l'ANR, l'INSERM et le CNRS ; le budget annuel est porté à 5 milliards d'euros dans les cinq ans. L'environnement réglementaire des études cliniques est simplifié pour être compétitif avec les États européens les plus performants en la matière.

La gouvernance des produits de santé est restructurée avec la création d'une Agence de l'innovation, qui remplace les agences existantes et permet d'avoir à la fois la transversalité nécessaire en matière de compétences et de pouvoir politique pour dynamiser la recherche, le développement, la production et l'accès au marché rapide des innovations. Le nouveau modèle s'inscrit dans une réindustrialisation du pays à partir des innovations thérapeutiques telle que la génomique, à travers notamment la conception d'un Airbus de l'ARN messager, visant à faire de la France un leader dans l'ingénierie du vivant. Il intègre une digitalisation massive des structures aussi bien pour les soignants que pour les usagers. Le génie français en médecine sera aussi de nouveau une source de rayonnement de la France dans le monde. Enfin, la souveraineté recouvrée par la France en matière sanitaire se complétera d'une Europe de la santé qui apportera des moyens financiers, humains et institutionnels supplémentaires aux États membres.

*

*   *

Telle est la seule réforme systémique possible en santé. Cette affirmation un peu péremptoire est en réalité fondée sur quatre points.

Tout d'abord, pour réussir, une réforme systématique doit résulter d'un long travail de recherche des solutions optimales. Ces dernières doivent répondre aux enjeux actuels et futurs, être débattues dans une compagne présidentielle, choisies démocratiquement et appliquées en début de mandat. L'échec de la réforme systémique des retraites en début de mandat est venu rappeler l'importance de la méthodologie de la réforme. Le Vouloir politique doit s'accompagner d'un Pouvoir politique, i.e. d'une réelle capacité à réformer. Une réforme systémique doit rencontrer un consensus large entre les acteurs du système, dans la classe politique et au sein de la population. Elle ne doit pas être partisane, sans quoi elle échoue.

La deuxième raison est culturelle et a été évoquée en introduction de ce livre. Le choix du concept philosophique de l'*autonomie solidaire* est en phase avec la culturelle française et fait de ce nouveau modèle un système d'inspiration française. Cet idéal d'autonomie est issu de la Révolution française et s'inscrit dans un esprit de solidarité inspiré du *solidarisme* de la fin du XIXᵉ siècle, qui a lui-même inspiré l'esprit de la création de la Sécurité sociale. Le nouveau modèle s'inscrit donc dans une vraie continuité historique et culturelle.

La troisième raison est la conséquence de la seconde, sa faisabilité politique. Cette réforme ne va pas à l'encontre de notre culture ; elle porte nos valeurs auxquelles la grande majorité des Français est attachée. Elle n'est ni de droite ni de gauche. Elle porte l'intérêt général au plus haut, en continuité avec notre histoire, mais aussi dans une ambition de porter un message universel de progrès pour l'espèce humaine.

Enfin, la quatrième raison est économique, car la viabilité financière du système actuel est condamnée par la crise sanitaire et les mesures non financées prises pendant cette crise, sans restructuration. La dette sociale accumulée dans les années 2020 obèrera sérieusement toute marge de manœuvre pour mieux protéger la santé des Français dans le futur. La seule sortie possible par le haut est la réforme systémique proposée ici.

En effet, la réforme est financièrement équilibrée et remet le système sur un chemin économiquement vertueux. Les principales dépenses supplémentaires sont des dépenses d'investissement de 5 milliards d'euros par an pendant cinq ans, dirigées vers la recherche, l'investissement social en santé et la prévention médicalisée. La réforme conduira à des économies deux fois supérieures au plan d'investissement en matière de dépenses administratives, de coûts de financement et de gains d'efficience dans la gestion des parcours de soins des patients chroniques, entre autres.

Le nouveau modèle s'inscrit dans un changement de paradigme économique. C'est par l'intermédiaire d'un investissement en amont du risque que le système maîtrisera les dépenses de réparation une fois les personnes malades, et non par le rationnement. La meilleure maîtrise des dépenses sociales est réalisée par la baisse de la demande sociale, soit, dans ce cas, la diminution de la demande de soins. La réallocation des ressources proposée, qui intègre une nouvelle hiérarchisation de la valeur des actifs du système, priorisera les professionnels de santé et les innovations technologiques. Ce modèle permettra de maintenir la hausse des dépenses de santé à un niveau inférieur ou égal à la hausse de la richesse nationale produite chaque année.

Quelles sont les conditions de succès de sa mise en place ?

La première condition de succès de toute grande réforme est d'abord d'être dans la bonne temporalité. La construction du modèle social de 1945 a été possible du fait de circonstances exceptionnelles après les deux grandes guerres qui avaient mis la France à terre, mais pleine de ressources à activer. Le Conseil national de la Résistance a réalisé le travail de réflexion pour reconstruire le pays dès la guerre finie. Nous sommes aujourd'hui dans une phase de reconstruction, dont l'histoire peut nous inspirer. La crise sanitaire va jouer un rôle d'accélérateur de l'histoire et servir la faisabilité de la refondation. Nous serons probablement en 2022 dans une logique soit de chaos, soit de sursaut en santé. Les pourfendeurs de toute réforme structurelle auront plus de mal à se faire entendre.

Outre la temporalité, il restera à diffuser largement, expliquer clairement et convaincre le plus grand nombre de la nécessité et de la pertinence de cette réforme. Une fois ce nouveau modèle rendu public, il restera donc à réussir la dernière étape : promouvoir et expliquer la réforme le plus largement possible. Nous pourrons considérer alors que la société civile engagée aura fait sa part du travail dans cette quête de sursaut national que représente cette réforme.

Cette part ne suffira pas si le monde politique ne remplit pas la sienne, s'il ne s'empare pas du sujet à travers un grand débat démocratique pour mener à son terme cette refondation. En effet, le nouveau modèle devrait être instauré par ordonnances dans les 100 premiers jours du prochain mandat présidentiel, après avoir fait l'objet d'un vaste débat pendant la campagne et avoir reçu le sceau démocratique par l'élection. C'est une réforme globale et non un plan à tiroirs. Sa réussite et sa cohérence imposent de réaliser l'ensemble des mesures proposées.

Si le prochain président élu est celui ou celle qui incarne le mieux cette refondation, alors l'espérance, qui est «*le songe de l'homme éveillé*» selon Aristote, deviendra réalité!

Remerciements

L'Institut Santé remercie vivement l'ensemble des personnes ayant nourri la réflexion d'une façon ou d'une autre à travers leurs travaux et publications depuis trois ans. Cette liste de contributeurs est non exhaustive. Le rôle de contributeur ne signifie pas l'approbation par chacun de l'ensemble du contenu.

Saïdi Abdelkader, Chirurgien, Expert en Gestion de Crise

Thierry Amouroux, Porte-parole Syndicat Infirmier SNPI CFE-CGC

Catherine Audard, Philosophe, London School of Economics, spécialiste des questions de justice sociale

Jean-Marc Ayoubi, Chef de service de gynécologie obstétrique Hôpital Foch, Professeur à la faculté de médecine de l'UVSQ

Perle Bagot, Directrice associée au Hub Institute (nouvelles technologies)

Giancarlo Baillet, Directeur chez Centre de gériatrie Beauséjour

Khaldoun Bardi, Chirurgien cardio-vasculaire, membre de l'Académie européenne des sciences et des arts

Sophie Beaupère, Déléguée générale d'Unicancer

Evelyne Bersier, Docteur en droit de la santé, Membre de la chaire Éducation santé de l'UNESCO

Jean-François Bergmann, Chef de service de médecine interne, Professeur de thérapeutique, APHP

François Blanchecotte, Médecin biologiste, Président du CNPS, Vice-Président de l'UNPS

Pierre-Henri Bréchat, Médecin spécialiste en santé publique et en médecine sociale

Valérie Briole, Médecin rhumatologue, Présidente URPS-ML Île-de-France

Éric Campion, Chirurgien-dentiste

Didier Castiel, Économiste de la santé, Université Sorbonne Paris-Nord

Annabelle Champagne, Pharmacienne, Dirigeante Wi Pharma

Alain Coulomb, ancien Directeur de la Haute autorité de Santé

Philippe Cuq, Chirurgien, Coprésident de Avenir Spé-Le Bloc

Arnaud Danse, Directeur d'Ophtalmo.TV

Alain Deloche, Professeur de chirurgie, Cofondateur de « Médecins du monde », Fondateur de l'association « La Chaîne de l'espoir »

Philippe Denoyelle, Chirurgien-dentiste, Président d'Union dentaire

Florence de Rohan-Chabot, Psychiatre, Praticien hospitalier

Bernard Ennuyer, Sociologue, Enseignant-chercheur, Spécialiste du vieillissement et handicap

René Frydman, Gynécologue-obstétricien, Professeur des universités

Christelle Galvez, Directrice des soins, Centre Léon Bérard à Lyon

Benoit Godiart, Enseignant agrégé en sciences médico-sociales, Université Savoie Mont-Blanc

Olivier Goëau-Brissonnière, Chef de service, APHP, Président des Fédérations des spécialités médicales

David Gruson, Directeur Programme Santé Jouve, Fondateur ETHIK-IA

Michel Guilbeau, Associé fondateur de BG Group

Jean-Paul Hamon, Médecin généraliste, Président d'honneur de la Fédération des médecins de France

Jean-Luc Harousseau, Médecin hématologue, Professeur des universités, ancien Président de la Haute autorité de santé

Richard Hasselmann, Président de Libr'acteurs, Administrateur de l'Institut Santé

Hubert Johanet, Chirurgien, Secrétaire général de l'Académie nationale de chirurgie

Nathalie Kerjean-Pons, Pharmacien hospitalier, Chef de service AP-HP, Administratrice de l'Institut Santé

Gérald Kierzek, Médecin urgentiste

Laurent Lantiéri, Chirurgien plasticien, APHP, Professeur à l'Université Paris Descartes

Éric Laspougeas, Membre de direction de groupe d'hospitalisation privée, Consultant

Guillaume Levavasseur, Consultant en Santé, Innovation & Communication digitale

Marina Lovka, Consultante experte en optique ophtalmique
Philippe Marre, Chirurgien, Président de l'Académie nationale de chirurgie
Jean-Philippe Masson, Radiologue, Président de la Fédération nationale des médecins radiologues
Jérôme Marty, Médecin généraliste, Président du syndicat Union française pour une médecine libre (UFML-S)
Olivier Mercier, Directeur général d'Interfimo
Raymond Merle, Patient expert, Directeur du Département universitaire des patients
Nada Nadif, Consultante en management de la santé
Patrick Négaret, ancien Directeur général de la CPAM des Yvelines
Didier Panchot, Chirurgien-dentiste
Patricia Paterlini-Bréchot, Professeure de biologie cellulaire et d'oncologie à la faculté de médecine Necker-Enfants Malades
Patrick Pelloux, Médecin urgentiste, Président de l'Association des médecins urgentistes de France
Maxence Pithon, Médecin généraliste, ancien Président de l'ISNAR-IMG
Christophe Prudhomme, Médecin urgentiste, Porte-parole de l'Association des médecins urgentistes de France
Marie-José Renaudie, Gynécologue, Présidente du Syndicat des gynécologues médicaux
Michael Riahi, Médecin généraliste, Vice-Président les Généralistes – Syndicat CSMF
Olivier Saint-Lary, Médecin généraliste, Professeur des universités, Président du Collège national des généralistes enseignants (CNGE)

Philippe Sansonetti, Professeur au Collège de France, Chercheur à l'Institut Pasteur et à l'INSERM

Jean Sibilia, Professeur des universités, ancien Président de la Conférence des doyens des facultés de médecine

Ghislaine Sicre, Infirmière, Présidente de Convergence infirmière

Daniel Solaret, Conseil et expertise en système d'informations santé

Monique Sorrentino, Directrice générale du CHU Grenoble-Alpes

Jean-Paul Thonier, Expert en santé au travail

Michel Tsimaratos, Professeur de médecine, Chef de service, APHM

Laurent Vercoustre, Praticien hospitalier, Philosophe

Philippe Vermesch, Médecin stomatologue, Président du Syndicat des médecins libéraux

Serge Zaluski, Médecin ophtalmologiste, Cofondateur d'Alaxione

Composition et mise en page : SIR
Achevé d'imprimer par Corlet
14110 Condé-en-Normandie
Dépôt légal : octobre 2021
N° d'édition : 964
N° d'impression : 21090622